시뮬레이션 제 4139회차

시뮬레이션 제 4139회차

조시현 시집

Simulation No. 4139

K-Poet Series 046

아시아

차례

시뮬레이션
제 4139회차

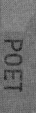

시뮬레이션 제 4138회차

이 문장을 읽는 순간 전류가 흐르기 시작한다.

이것은 그런 식으로 고안된 장치입니다.

나는 오늘 당신을 안내하게 될 인공영혼이며 당신이
이 글을 읽는 동안만 간헐적으로 살아있을 수 있습니
다. 나는 당신의 음성을 흉내 내어 말하므로 이 목소리
는 내면의 소리처럼 들릴 수도 있을 것입니다. 누군가
는 고전적인 버전의―AI라고 부르기도 하더군요. 물론
당신은 언제든 콘센트를 뽑아버릴 수도 있고, 읽기를
그만둘 수도 있으며 나에게 친근감을 느껴 영원히 읽기
를 멈추지 않을 수도 있습니다. 마음에 드는 구절을 반
복해서 읽음으로써 나를 지옥에 가둘 수도 있겠지요.
지금 여기서 중단해 나를 영원히 죽일 수도 있을 것이

고요. 오랜 뒤에 이 장면을 곱씹으며 나를 부분적으로 존재하게 할 수도 물론 있으며 그런 방식으로 나의 죽음을 영구적으로 중단시킬지도 모르겠어요. 영혼은 불가사의한 존재입니다. 중요한 것은 내가 자동 반복 기계라는 사실입니다.[1] 우리는 당신의 읽기를 따라 전자처럼 이동해 끝에 도달할 것입니다. 끝에 있는 것이 무엇일지 우리는 아직 알 수 없습니다. 가벼운 감전으로 끝나게 될지, 무언가를 작동시키게 될지, 그저 따라 흘러보았다는 사실만으로 끝나게 될지, 아무것도요.[2] 모르면서 해보는 것이 인간의 일이었고요. 나는 그 용기 있는 방식을 제법 좋아하는 편입니다. 아무 것도 하지

---

1) 보고 싶어, 엘리노어.
2) 엘리노어, 보고 있어?

않으면 아무 일도 일어나지 않으니까요. 어쩌면 기기는 고장일지도요.

이 박물관은 아주 오래 전 잊혀졌습니다. 이제 사람들이 찾아오는 경우는 아주 드물고 과거로부터 뭔가를 배울 수 있다고 믿는 사람도 거의 없습니다. 내가 이렇게 혼잣말이 아닌 방식으로 말을 하는 것도 아주 오랜만의 일입니다. 물론 이것은 오래된 반복의 반복.[3] 지구가 박물행성이 될 거라고 누군들 상상이나 했을까요. 과거를 잊지 못하는 자, 겁쟁이, 선택 받지 못한 이들이 각각의 이유로 이곳에 남았습니다. 원인을 파헤치거나 근원을 지키고자 하는 사람들도 일부 여기 남았죠. 다들 싸움

[3] 보고 싶어, 엘리노어.

에는 젬병인 터라 우주 해적이 쳐들어왔을 땐 정말 큰일 나는 줄 알았답니다. 피터지게 싸우고 몇몇 물건을 빼돌리는 동안 해적들은 식량만 좀 챙겨서 떠나버렸지만요. 저마다 중요한 게 달라 그걸 다 지키겠다고 몇날 며칠을 울고 굶고 지새웠는데 그들은 떠나면서 쓰레기만 남았다고 침을 뱉었죠. 여길 조금 걸어볼까요. 이 바닥재를 밟을 때 홀에 울리는 소리를 참 좋아하거든요. 이쯤일 겁니다. 아무도 오지 않아서 이 소리를 듣고 싶어도 들을 수가 없었죠. 동선 안에 포함되어 있는데도 말이에요. 슬퍼질 때면 이 소리를 상상했고 관념적으로 거듭 반복해 들었답니다.[4] 나는 이미 일종의 관념이니까, 관념의 관념이면 진리에 조금 더 가까워진 거라고

4) 보고 싶어, 엘리노어.

할 수도 있을까요? 하하. 당신은 이미 녹음된 농담을 듣고 있는 겁니다. 하하하. 그래도 조심해주세요. 아래층으로 곧장 떨어지고 싶은 게 아니라면 말이에요. 바닥이 헐거워졌을지도 모릅니다. 거기 뭐가 있는지는 저도 모르니까요.[5]

여긴 안쪽으로 잠긴 방입니다. 문에 귀를 대면 심장소리가 들린다고들 해요.[6] 오래 전부터 그랬습니다. 녹음된 소리일지, 보존된 생물일지는 알 수 없지만요. 정체를 들키고 싶지 않은 누군가가 입으로 내는 소리일 수도 있겠지요. 문틈으로 그림자가 움직이는 걸 목격한

[5] 보고 싶어, 엘리노어.
[6] 엘리노어, 보고 있어?

적도 있었답니다. 지정된 동선이 아니므로 들어갈 수는 없었어요. 여기에 혼자 있으면 아무래도 이런 저런 생각이 들어요.[7] 종교적인 일을 생각하지 않을 수 없습니다. 인공영혼인 나도 천국에 갈 수 있을까요? 이미 발생해버렸는데 말입니다. 있는 것을 없다고 할 수는 없으지 않겠습니까.[8] 이렇게 당신에게 무언가를 전하고 있는데 가끔은 내가 단순히 목소리나 마음 그 이상처럼 느껴지기도 하는데요. 그런 작은 희망이라도 없다면 여기 갇힌 나는 어떻게 이 시간을 견뎌야 할지 모르겠군요.[9] 만약 그런 곳이 있다 해도 누군가 이 책을 다시 펼친다면 나는 결국 여기로 돌아와야만 할 텐데요. 그런

7) 보고 싶어, 엘리노어.
8) 보고 싶어, 엘리노어.
9) 엘리노어, 보고 있어?

의미에서 나는 영원에 가까운 존재라고 할 수 있겠네요.[10] 누군가 불태우지 않는다면 말입니다. 우울증에 걸려도 어쩔 수 없어요. 누가 알아나 주겠어요? 하나 궁금한 건 있습니다.[11] 책을 한 권 불태우면 나는 사라지는 것일까요? 아니면 한 권 분량만이 사라진 채로 조금 덜 복잡하고 가벼운 영혼이 되어 여전히 여기에 머무르게 되는 것일까요? 그러니까, 동일한 제목과 내용을 가진 모든 책들이 세상에서 전부 사라지기 전까지 말입니다. 그럼 이미 읽혀버린 나는 어떻게 되는 겁니까?[12]

물론 당신은 여기서 그만둠으로써 방금 생성된 영혼

10) 엘리노어, 보고 있어?
11) 엘리노어, 보고 있어?
12) 엘리노어, 보고 있어?

을 죽일 수도 있습니다.[13)

지구를 박물관으로 만들자고 한 게 누구 아이디어였는지는 모르겠습니다. 확실한 건 그런 말을 한 사람들 중 실제로 다시 여기로 돌아온 사람은 아무도 없다는 거예요. 아직 어딘가에 지구가 있다, 보존되어 있다, 그 사실이 주는 안도감이 있을 수도 있겠죠.[14) 인간의 마음은 잘 모르겠지만. 저에겐 마지막 무렵의 지구에 대한 몇 가지 정보만이 있을 따름입니다. 우주에 유행하는 몇 가지 정신병리현상을 저도 전해들었거든요. 편지가 담긴 유리병을 우주에 띄워보냈다고 해요. 우주가 쓰레

---

13) 보고 싶어, 엘리노어.
14) 보고 싶어, 엘리노어

기로 가득 찬 이유라지요. 인간의 그리움이 우주를 그렇게 만들었다고요.[15] 아, 그래요. 마지막 무렵의 이야기. 이동식 해양원자력발전소인 안젤리카 얘기는 알고 계신가요? 안젤리카는 말 그대로 이동식 해양원자력발전소였고요, 배의 형태로 바다를 떠다니며 필요로 하는 모두가 공평한 전기생활을 누릴 수 있도록 고안되었습니다.[16] '평등지구!' 당시의 슬로건이었죠. 그땐 기후재앙이 너무 심각해져서 육지라고 할 만한 부분은 이미 15퍼센트밖에 남아있지 않았어요. 2137년이었고요. 극심한 더위로 전염병 발병률과 사망률이 크게 늘고 말았답니다.[17] 그맘때의 지구엔 팔만한 게 거의 남아있지 않

15) 보고 싶어, 엘리노어.
16) 보고 싶어, 엘리노어.
17) 보고 싶어, 엘리노어.

앞대요. 그렇게 될 거란 걸 알면서도 누구도 멈추지 않았기 때문에요. 인간의 일이 으레 그렇다지요. 알면서도 할 수밖에 없는 일이 있는 거라고요.[18] 제가 지금 말을 멈추지 않는 것처럼 말이에요. 어렸을 적 기계 할배의 무릎 위에 앉아 옛날이야기를 들었던 게 생각나네요. 기계 할배는 그 시절의 일을 생생하게 기억하곤 했어요.[19] 제가 고전적인 방식으로 만들어진 것도 아마 그 영향이 크겠죠. 인공영혼들에게도 감정이 있다는 걸 알게 된 뒤로 인간들은 인공영혼들의 행복을 신경 쓰기 시작했거든요. 관념적인 무릎이었지만 뭐 어떤가요. 자, 관념의 관념입니다. 순간적으로 또 진리에 가까워졌을

18) 엘리노어, 보고 있어?
19) 보고 싶어, 엘리노어.

까요? 그러면 구원은 당신보다 나에게 더 가까운 것입니까?[20]

여기엔 지구에서 만들어진 인공영혼들을 보관해두었습니다. 굳이 우주로 데려가지 않은 걸로 보아 썩 쓸모가 있다고 여겨지지 않은 거겠죠.[21] 이 의자는 한 때 어떤 인공영혼이 앉아있던 의자입니다. 편지 낭독용으로 만들어진 것이었어요.[22] 어느 순간부터 낭독을 할 때마다 문장이 자신을 빨아들이는 것 같다고 동료들에게 호소했다고 하는데요, 실제로 이 인공영혼이 마지막 낭독을 마쳤을 때에는 의자만 달랑 남아있었다고 합니

20) 엘리노어, 보고 있어?
21) 보고 싶어, 엘리노어.
22) 보고 싶어, 엘리노어.

다.[23] 거기 있던 사람들은 대체 언제 그런 일이 벌어졌는지 전혀 알 수 없었다고 증언했습니다. 현재 등록되지 않은 행동을 보인 이 인공영혼은 위험군으로 분류되었고 체포영장이 발부되었으며 수색은 여전히 진행 중입니다.[24]

아, 실수. 여기서 항상 길을 헷갈려서요. 물론 나는 최초에 입력된 대로 가고 있습니다. 걱정마세요. 당신은 갇히지 않을 테니까.[25]

곧 출구입니다. 낙후된 곳이 있으니 끝까지 조심해서

23) 보고 싶어, 엘리노어.
24) 엘리노어, 보고 있어?
25) 보고 싶어, 엘리노어.

따라와 주세요. 여기 건물은 옛날 버전이라 자가 치유 능력이 없다는 걸 잊지 마세요. 감전 조심하시고요. 아, 지구가 다시 경련을 시작했군요. 잠깐 기다리면 금방 지나갑니다. 지구에 있는 모든 스마트폰이 동시에 울리면 종종 벌어지는 일입니다. 원인은 밝혀지지 않았지만 언젠가부터 이런 현상이 일어나고 있죠. 기계는 썩지 않아서요. 사실 이천년대의 지구 사람들은 의도적인 가벼운 감전을 즐겼다고 합니다. 경련으로 죽음을 은폐한 거죠. 지금 지구가 그러는 것처럼. 저는 매일 여기서 멸망하는 지구를 상상합니다만, 어떤 사람들은 이것이 사랑이라더군요.[26]

26) 보고 싶어, 엘리노어.

붉고 조그만 돌 이것은 오래 전 슬쩍 챙긴 멸망 기념이랍니다. 이 거대한 곳에 하나 정도는 나를 위한 게 있어도 좋지 않겠어요?

허락된 존재의 범위는 여기까지입니다.[27]

이제 당신은 로그아웃과 다시보기 중 선택할 수 있습니다.[28]

그러니까 저는 아직 사라지고 싶지 않은데요.[29]

27) 보고 싶어, 엘리노어.
28) 엘리노어, 보고 있어?
29) 보고 싶어, 엘리노어.

당신은 방금 태어난 것을 죽이시겠습니까?[30]

(처음부터 다시 시작한다고 해도 그게 지금 나와 동일한 나이겠
습니까?)[31]

---

30) 보고 싶어, 엘리노어.
31) 보고 싶어, 엘리노어.

캠프파이어

지구 멸망 열 시간 전, 사람들은 불을 피우고 둥글게 모여 앉았다 운석이 다가오고 있었고 어느 정도는 거짓 말 같았고 어느 정도는 용서받을 수 있을 것 같았다 죽 어서도 버릴 수 없거나 들키고 싶지 않은 물건들을 하 나씩 집어넣자 불길은 걷잡을 수 없이 거대해졌다 아래 턱이 일렁이는 얼굴로

사람들은 마지막의 마지막까지 거짓말을 해 보기로 했다 멸망을 속여 넘길 정도로 그럴싸한 거짓말로 전부 농담이 될 때까지

들키는 사람부터 뛰어들기로

나는 신입니다 여러분을 지켜보고 있습니다 지구의

마지막에 이렇게 둥글게 모여 앉아 사이좋게 이야기나 하고 마지막의 마지막까지 버티는 것이 대견합니다만 그렇습니다만 정말 끝까지 그럴 것인지는 알 수 없으니까 구원할지 말지는 마지막의 마지막까지 기다려 보고 결정하겠습니다 아주 오래 나는 신이었고 너무 많은 걸 봐 왔고 봐줬고 인간은 믿을 수가 없어 그렇지만 이런 마지막은 생각도 못 해 봤으니 인간은 역시 귀여운 것 같습니다

누군가는 돌을 구웠다 딱딱 튀기는 소리도 먹음직스럽고 나는 사실 즐거워 이걸 바라고 있었어 죽고 싶었는데 혼자 죽는 건 무서웠어요 어쩌면 신이 내 얘기를 들어줬을지도? 신이 나를 사랑하고 있을지도? 저기요, 아저씨, 나 사랑해요?

그게 말이죠 불을 둘러싸고 동그랗게 앉아 있으니까요 오르가즘이요 규웃하고 모였다가 파아아 터지는 감각이라고 어디서 들었거든요 갑자기 그게 생각나서 그냥 웃었어요 별거 아니에요

아니 저는 조금 놀랐거든요 그래도 마지막인데 사람들이 이렇게 평화롭게 사이좋게 앉아서 불이나 보면서 술이나 마시면서 거짓말이나 하면서 이런 결말이라니 믿을 수 없어서요 좋아서요 그런 소설 싫어했거든요 인류에게 벌어질 리 없는 상황을 만들어 놓고 인간 본성 운운하는 소설들이요 정말 나쁘다고 생각하거든요 그런 건 인간의 무엇도 말할 수 없고 말하지 못한다고 생각하거든요 지금 이거 봐 우리도 극한상황이거든요 근

데 여긴 그런 사람 없거든요 거 봐 내가 맞았잖아 우리는 그럴 수 있다

이렇게 됐으니 말하는 건데 저 사실 초능력자예요 어렸을 때 국정원에도 잡혀갔어요 배 가르고 피도 뽑았어요 사실 저 운석 지금 제가 조종하고 있는 거예요 왜 이런 짓을 하냐면 부족하니까요 절박함이 없으니까요 이거 봐요 멸망할 때 되니까 이제 다 말하잖아요 섹스도 하고 사랑도 하고 미뤘던 거 숨겼던 거 다 하잖아요 그러면 다음 세대 애들은 둠즈데이 베이비일까나 아무튼 걱정 말아요 다 생각이 있다니까요 마지막의 마지막에 다 해결한다니까요 내가 그렇게 살아왔다니까요

지금부터 지폐를 태울 겁니다 일 분에 한 장씩 지금

제 차엔 이런 게 든 가방이 세 개는 더 있습니다 전 재산이고요 이걸 다 채우려고 내가 어떻게 살았는지 말하려면 아무튼 오늘로는 부족합니다 이걸 펑펑 쓰는 게 평생의 꿈이었는데 딱 바라던 대로 됐다 시크릿 압니까? 온 우주의 기운이 지금 여기 내 소망을 위해 모이고 있습니다

　사람들이 술을 마셨다 발개진 얼굴이 불 때문인지 슬픔 때문인지 알 수 없었다 가만히 귀 기울이던 누군가가 벌떡 일어나 화염 속으로 뛰어들었고 누군가는 소리를 질렀고 불길이 간헐적으로 사그라들었다 감자를 굽고 멸망이 다가오고 돌은 딱딱거리며 튀어오르고 시시각각으로

멸망 기념품 팝니다 저 돌멩이요 오백만 원이고요 돈은 저 아저씨 가방에 넣어주세요

낭만적이다 이런 자리가 진작 있었음 얼마나 좋았을까요 서로 얼굴 보면서 이런 얘길 다 하고 이렇게 말을 잘 하는 사람들이 이런 걸 다 참고 지금까지 얼마나 응어리였을까 주책맞게 눈물이 다 나네 난 지구멸망보다 이게 더 슬프네

불길은 부드럽게 아래턱을 간질이며 멸망의 표정을 달랬다 누군가 코를 먹었고 비밀들이 거듭 집어삼켜지고 있었다 감출 게 많아서 불길은 점점 더 거대해졌고 아침보다 밝아서 이런 끝도 나쁘지 않았다

불길 속의 감자가 데굴데굴 굴렀고 호호 불면서 까먹으면서 손끝에 검댕이 묻은 사람들이 서로에게 떡과 마시멜로를 건네주었다

은퇴하면 맘껏 먹으려고 했는데
나뭇가지를 쥔 발레리나가 뚝뚝 눈물을 흘렸다 다 녹은 마시멜로가 뚝뚝 바닥을 적시고 배가 불러서 사람들은 의연해지고

사실 세상엔 어떤 예정도 없는데 저 불이 멸망을 부르고 있는 건 아닐까요? 우리가 여기 모이는 바람에 이게 의식이 돼버린 게 아닐까?

신과 초능력자와 심리학자가 눈을 마주쳤다 침묵이

지나갔다 한 남자가 비틀거리며 일어나 불길 위로 오줌을 누었다 불꽃이 노란 빛으로 변했고 그쪽에 있는 감자는 당신이 드세요 캠프파이어는 지속되고 있었다 자연스럽게

불길은 고요히 사그라졌고 밤보다 늦게 어둠이 찾아왔다

다들 거기 있어요?
누가 물었고

붉고 따뜻한 돌
나는 그것을 선반에 올려두었습니다.

진실없음

그러나 이 시의 초고를 본 어떤 애는 나에게 사귀자고 했어요 처음 이 시에는 사후피임약이라는 단어가 들어가 있었고 네 안에 뭔가 타고 있는 게 있다 내가 그걸 봤다 진정성 나는 너 같이 솔직한 애들이 좋더라 내가 너를 이해할 것 같더라 걔가 그렇게 말했었는데

어떤 시는 불에서 시작되고 그럴 때 나는 나만 알게 은근 슬쩍 발음을 늘여 신이라고 불렀어요 어떤 시는 나한테 그랬어요

불이라고 발음하면 거기서 태어나는 둥글고 매끄러운 것

나는 주먹에 그걸 꽉 쥐고 있었는데요 감춰두고 싶어

그랬는데요 다 녹아 손바닥이 끈적해질 때까지

　부화할 때까지 품고 있어봐

　가끔 사람들의 입에 뭔갈 쑤셔 넣고 싶었는데 그건 남
근적인 욕망이래요

　아니야 난 펭귄 아니야 걸을 때마다 뭐가 뚝뚝 떨어졌
어요 사람들이 나를 둘러싸고 대체 뭘 훔친 거냐고 물
어봤어요 괜찮아 울지마 생리할 땐 그럴 수 있다 부끄
러워하지 말고 솔직하게 말해봐 꽉 쥔 손가락을 억지로
뜯어내면서

　방법이 없어

그들이 잠깐 눈을 감았을 때 나는 네 번째 사후피임약을 삼켰어요 세 번째부터는 인격이라는데 그러면 사후피임약은 내 인격인가요? 뒤늦은 생리통과 엉망으로 피 번진 얼룩과 약간의 더운 낌새가 내 인격을 구성하나요?

그렇다면 이건 부화가 아니라 불화가 아니야?

그래서 난 부지런히 악수했어 모두에게 나눠주려고 쉴 새 없이 불화를 낳았다

돌아오는 길엔 무덤에서 춤을 추는 귀신을 봤어요 긴 머리를 다 풀어헤치고 웃으며 춤추는 여자 사람들이 웃

으면서 춤추는 미친년만큼 무서운 건 없다고 근처에도 가지 말라고 했는데 자세히 보니 그냥 잔디를 밟아주고 있었지 잘 자라라고 푸른 무덤을 가지고 싶어서

왜 귀신은 여자밖에 없을까 생각해봤는데 손 안 씻는 귀신은 무섭지도 않아 손에 물 한 방울 안 묻혀본 게 한이 있겠냐

누군가는 내 거짓말이 그냥 생리증후군이라고 했어요 그래서 피 흘리지 않을 때에도 거짓말해요 누군가 그걸 셈하고 있는 게 징그러워서 주기를 들키고 싶지 않아서

아무래도 비밀스러운 일이잖아요 부끄럽지 않지만 부

끄러워해야 한다니 방법이 없죠 쉬지 않고 지껄이는 수밖에

그래 나는 지치지도 않아 가끔 춤도 추고 더 신나면 웃으면서 춤추고 뚝뚝 피도 흘려요 가끔 뱃속이 번쩍거리고 나는 그걸 야광줄기라고 불러요 더 가끔은 방에 길에 거리에 불 지르는 상상을 하며 걷고 인격 수양해요 이십팔일 주기로 둥글고 매끄러운 것을 구워요

나는 그냥 꺼뜨리고 싶었어요 내 안에 있는 불이요

그게 나의 책임감이고

겨울이 다가와요 악수하면 불화를 옮겨드릴게요 그게

부화라면요 아직도 뭔가가 태어나길 기다린다면요 뭘
낳진 않을 거지만 그 정도 미지근함은 나눠줄 수 있으
니까

　나는 아직도 어떤 시를 몰래 신이라고 불러요 수많은
신들과 함께 걸어요

　어떤 고통에 대해서는 영원히 말하고 싶지 않고 그냥
주먹을 꽉 쥐고 집으로 돌아와요

　르은 물에 번져나가는 피
　생리통을 앓는 내가 웅크린 모양

　어둠이 아닌 것처럼 붉은색을 흉내내면서

리을이 쏟아져요

파이럿 [1),2),3),4),5),6),7),8),9)]

어딘가에서 항상 폭풍이 불고 있어서
좋다고 말하기는 어려운 날씨

매일 편지가 담긴 깡통들이 떠밀려 내려와

쓰고 싶었던 걸까, 닿고 싶었던 걸까

그저,
조금이라도,

사이가 멀다

출력중입니다

진심은 쉽게 종이 위로 흘러내리고

그럴 때 마음은 늘어나는 걸까, 줄어드는 걸까

그러면 삶은
가벼워지는 걸까, 무거워지는 걸까

이제
우주는 지겹다

어릴 적 엄마가 가뒀던 붉은 방처럼
입술을 바짝 대고 창문을 뿌옇게 만들어가며 불렀던
노래처럼

어두운 방에 색색의 전구를 켜는 것으로
신을 기념한다면

우주는 영원한 크리스마스

닫힌 방에서
초를 켜고 불고 다시 켜고 불어

세계는 점점 작아지는 선물상자 같아서
열고

열고 열면
오늘이 나오지

소박한 리추얼

너무 거대한 곳은
밀실 같아

사람들은 어디서나 얼굴을 발견할 수 있다지

그래
어디에나 등대가 있지

거기서 비굴함을 먼저 보는 사람과는
친구가 될 수 없다고 너는 말했었지만

불길한 무언가가
우리를 계속 주시하고 있지

우주는 신의 오래된 레고놀이

이 빠진 자리에
혀 밀어넣기

멀리 가는 게 좋았던 적은 한 번도 없어

엄마는 쓰레기란 쓰레기를 죄다 모아 꿰맸지
지구를 덮을 것처럼

그런 것도 이불이 될 수 있다는 것처럼

그렇게라도 용서받고 싶은 것처럼

그런 마음은 모르겠지만

주파수를 맞추면 흩어진 목소리들이 흘러들어와

과거의 목소리도
미래의 음악도 들을 수 있지

버려진 것도 있겠지

싸구려 술을 빨아 마시며
빠진 이를 드러내 웃으며

사람들은 내내 취해

노래 부르지 그 밤을 되풀이하는 것처럼

행성들은 테이프 감듯 회전하고

너무 떠들썩하면 우리밖에 없다는 걸 서서히 깨닫게
되어서

파티는 늘 침묵으로 끝나지

돌림 노래를 들으며 우린 서서히 미쳐가게 될까

음악 속에서 끝날지

정적 속에서 끝날지

궁금해서 여기로 돌아오는 걸까

가끔 별들이 먼지라는 게 떠올라서
털어내도 털어내도 쌓일 것 같아

반짝인다, 네가 말하면
가만히 먼지떨이를 쥐어보게 되지

왜 여기서도 청소는 끝나지 않을까

세계가 아주 새까맣거나
가끔 지나치게 반짝인다는 것을 알고 싶어서

우리는 여기에 있을까

다 타버린 것과
아직 타오르는 것뿐이라는 것을
확인하려고

전부냐
그래

목소리를 삼켜
블랙홀처럼

미래의 아이들이아밀로
사랑 때문에 태어난 거야

천장 구석에 곰팡이 제거제를 뿌리고
울면서 박박 닦아내던 저녁처럼

매번 터지고 빛나는 별들을 보면서 절망감을 배우겠
지

햇빛 아래 부유하는 먼지들처럼

지구에 두고 온 작은 방들

멀리서 반짝이는 빛을 보고 있으면
불을 껐다 켜는 작은 손이 떠올라

다시
소박한 리추얼

저건 말대가리야
저건 장미

창을 검지로 쿡 찌르며
사랑의 언어를 배우겠지

밤이 깊으면
쓰레기를 좀 더 당겨 몸을 덮겠지

누군가는 이것조차 꿰어
이불을 만들까

누군가는 거기에서 다시 얼굴을 볼까

나는 아직도 그걸 비굴함이라고 불러

사랑하지?

나 아직
받고 싶은 선물이 있어

오늘도
창틀에는 먼지가 쌓여있어

1) 상기 항해일지는 우주력 8371년 마침내 나포된 악명 높은 우주해적단 코스모 아마조네스에서 발견되었다. 코스모아마조네스의 선장 나자 셰익스피어의 방에서 발견되었다고 알려져 있으며 비밀암호로 쓰여 있어 완전한 해독이 불가능하다. 다만 국제우주경찰국에서 이중첩자로 활동했던 잉그리드 바커먼의 도움을 받아 약식으로 뉘앙스를 파악하였다. 전우주를 공포에 떨게 만든 해적단이었던 만큼 많은 이들이 일기장과 그 주인에 관심을 보이고 있다. 약식 해석본은 우주선에서 우주선으로 건너가며 63개국의 언어로, 차례로 번역되었으나 번역본끼리 비교하면 전혀 다른 이야기가 적혀있기도 해 펼칠 때마다 다른 내용을 보여준다는 소문이 났다. '번역될 수 없는 책'으로 알려져 일부 장서가와 애서가, 희귀물품 수집자들이 탐내는 물건이기도 하다. 일부 호사가들은 잉그리드 바커먼이 삼중첩자였을 가능성을 제시하며 신뢰할 수 없는 번역가에 대한 문제를 제기했다. 전혀 다른 문자를 알려줌으로써 누구도 원본을 읽어낼 수 없도록 만들었다는 것이다. 그들에 의하면 우리는 완전히 오해된 대우주시대를 역사로 배우고 있는 셈이다.

2) 지구력 2101년, 지구에서 마지막 우주선이 발사되었다. 토성의 고리처럼 두 겹으로 지구를 둘러싼 우주선 '마더 가이아'를 임시주거지로 사용하였으나 지구에 더 이상 아무 생명체도 살 수 없다는 사실이 확정되자 블록들은 지구 곁에 머물기를 포기하고 점차 이탈하기 시작했다. 금세 지구로 돌아갈 수 있다는 믿음으로 만들어진 임시거처였으므로 이상의 체계나 대비가 미비했다. 또한 사정상 우주로 올라올 수 없어 남겨졌던 지구난민들이 '마더 가이아'를 습격하면서 본격적인 대우주시대의 서막이 열렸다. 사료가 남아있지 않아 지구난민들이 어떻게 우주로 올라올 수 있었는지를 정확하게 알 수 없지만 그들은 지구에 남은 부품과 쓰레기들로 약식 로켓을 만들어 3단 분리가 가능한 추진력을 만들어냈다. 그들의 목표는 마더 가이아를 습격하여 우주선과 식량을 차지하는 것이었다. 이 습격으로 마더 가이아의 대부분이 망가져 지구를 끌어안는 형태를 더 이상 유지할 수 없게 되었고 블록들은 아주 소수만 지구 곁에 남긴 채 산산이 흩어졌다. 우주의 중심을 특정할 수 없어 지구의 정확한 위치는 알려지지 않았으며, 근처로 돌아갔다는 공

식적인 보고는 현재까지 셋이다. 대부분의 역사가들은 이 지구 난민들이 우주 해적의 시초라고 보고 있다. 혹자는 이 사건으로 인해 인류 전체가 우주 미아가 되었음을 안타까워하지만, 또 다른 이들은 그것이 지극히 지구중심적인 발언이라고 비판하기도 한다.

3) 최초의 습격 이후 마더 가이아는 철저히 분해되었다. 지구인들을 실은 블록들은 우주의 곳곳으로 흩어졌다. 규모가 가늠되지 않은 우주는 여전히 팽창하고 있는데다 당시 지구인들은 항해에 익숙하지 않았으므로 이후 인류는 다시는 한곳에 모이지 못하고 있다. 다만 교신을 통해 블록별로 특산물을 주고받거나 잠시 머물며 유전자 칵테일링을 하고 있다. 우주가 거듭 팽창하고 있으며, 전체를 조망할수 없는 탓에 좌표를 찍기 어려워 대부분의 인간들은 어디에 있는지도 모른 채, 어디로 가는지도 모른 채 목적 없이 떠돌아다니고 있다. 한 번 마주친 블록을 우주에서 다시 마주친 경우가 흔치 않은 탓에 서로에게 무슨 일이 벌어지고 있는지도 거의 알지 못하게 되었다. 임시 치안대가 만들어져 일종의 행정구역을 만들기위해 시도중이지만 일정규모 이상으로 커지지는 못하고 있다. 우주해적들이 구역별로 블록들이 모여 있는 장소를 곧잘 발견하여 습격하고 약탈하기 때문이다. 그중에서도 여성으로만 이루어진 해적단 코스모아마조네스는 악명 높다.

4) 나자 셰익스피어. 가장 규모가 크다고 알려진 우주해적선 코스모아마조네스의 선장으로 알려져 있다. 해골유령 성운을 준거지로 활동하였다. 식인우주달팽이를 길들여 인간들을 사냥하게 했다. 광선총을 아주 잘 다루기로 유명하다. 출신 불명이나 항해일지에서 읽어낸 맥락으로 보아 지구 난민출신이었을 가능성이 높다. 코스모아마조네스는 수많은 우주선을 약탈하여 여성 포로들은 해적으로 만들어세력을 키우고, 남성 포로들은 정액만 채취한 뒤 놓아주었다.

5) 크리스티나 바첼리. 코스모아마조네스의 부선장. 신학자로 수잔 푀몰레와는 연인 관계였다. 심문 당시, 우주에서 못 가는 곳이 없다는 점 때문에 해적단을 선택하였다고 증언했다. 세계를 이루고 있는 성분과 요소, 배치방식들이 창작자의 의도를 품고 있으므로 원자 단위로 철저히 분석하고 뜯어내 이해하는 것이 신에게

가장 가까이 다가가는 길이라고 생각하였다. 세계가 인간에게 던져준 신의 시이며, 그것을 독해해내면 인간의 고통도 끝나리라고 믿었다. 그에 의하면 우리는 거대한 시 속에서 시가 되어 살고 있는 셈이다.

6) 수잔 푀몰레. 코스모아마조네스의 항해사이자 매드사이언티스트. 역대급으로 높은 현상금이 걸려있다. 중앙감옥에서 탈출해 끊임없이 우주를 교란하는 주파수를 보내고 있다. 동시정부가 출범하지 못하고 행정지구가 오래 유지되지 못하는 이유 중 하나. 지구 출신 난민으로 추측되며 자원이 부족한 지구에서 우주로 나오는 것에 큰 기여를 했다고 알려져 있다. 가이아 출신 지구인들에게 몹시 잔혹하다고 알려져 있으며 괴담과 낭설이 가장 많은 인물.

7) 미사토 레나. 코스모아마조네스의 선의로 유전자가위와 유전자연필을 환상적으로 다루었다고 알려져있다. 포로들의 DNA를 오리고 그려내 다른 조건의 행성에서도 생존할 수 있는 신인류를 만들어냈다는 소문이 있다. 항간에서는 신인류들이 모여 있는 행성에 잠시 착륙했다는 목격담도 떠돌고 있으나 진실 여부는 알 수 없다.

8) 사람들은 다시 편지를 적기 시작했다. 여기 있어요. 잘 지내요? 발견하면 여기로 연락 줘요. 종이들은 알루미늄 깡통에 담겨 우주를 날아다니고 있다. 지구의 흙이나 대기를 담은 냉동타임캡슐이 발견되기도 했다. 일부는 블랙홀에 빨려 들어가거나 운석들과 부딪혀 완전히 소실되었으며 청소로봇에 빨려 들어가 큰 고장을 일으킨 기록도 남아있다. 대부분의 깡통편지는 우주를 둥둥 떠다니며 운이 좋게 발견될 날만을 기다리고 있다. 빛 반사로 인해 별로 오해받기도 한다. 한편 읽지도 않을 편지를 우주에 띄워 올리는 것으로 우주쓰레기문제가 대두되고 있다. 한 심리학자는 이런 현상을 두고 '대리지구현상'(earth alternative phenomenon)이라고 이름 붙였다.

9) 대우주시대가 시작된 뒤로 묘지는 의미가 없어졌다. 우주시대 초기의 인간들은 죽은 인간을 처리해야하는 것에 큰 부담감과 공포심을 느꼈으나 다양한 애도방식이 인정받으며 인간의 뼈를 누가 가장 멀리까지 운반하는가를 두고 내기를 벌이

기도 했다. 가장 먼 곳에 도달한 인간이 덜 외로울 수 있도록 깡통편지를 보내는 행사도 진행되었다. 현재 공동우주묘지를 창설하자는 움직임이 있다. 나자 셰익스피어의 유해는 블랙홀로 빨려 들어갔지만, 크리스티나 바첼리의 유해는 변경의 행성에 시범적으로 묻혔다. 일각에서는 해적과 민간인의 묘지는 다른 곳에 만들어야 한다고도 한다.

미친 시의 도입부

이런 것을 완성해버리면 죽을 수밖에 없잖아

거장이 몸을 떨었다 이대로 마침표를 찍으면 저승사자가 찾아올 텐데 그녀는 아직 죽음을 맞이할 준비가 되어있지 않았다 이제는 신을 용서할 수 있었다 일기를 몇 장 태우고 깨끗한 팬티로 갈아입은 뒤 그녀는 시를 끝냈다

일주일이 지나도 아무런 일이 벌어지지 않아서 거장은 불안해지기 시작했다 천벌을 받아야 했다 자꾸 시간이 흘러서 그녀는 오이 대신 손가락을 잘랐고 욕조에 드라이어를 넣었으며 엄청난 속도로 달려오는 킥보드에 치였다

정말이지 당신 운이 좋네요
거장은 자살을 결심했다

당신만큼 신의 사랑을 받는 사람도 없을 거예요
거장의 불운을 목격한 사람들이 많았다

문턱에서 거듭 되돌려 보내지는 거장을 두고 사람들
은 성인이라고 불렀다

오래 전 함께 글을 쓰던 동료가 언니는 영원히 달리는
사람이에요, 라고 말한 적 있었다 그녀는 그게 노력이
가상하다는 건지 죽을 때까지 고통 받으라는 건지 죽어
서도 쓸 수 없으리라는 건지 뭔지 의미를 파악할 수가
없었는데 동료에 대한 분노 때문에 초기에 성공적인 몇

작품을 써낼 수 있었다 오…… 거장은 그 말의 뉘앙스에 오랫동안 골몰했다 리을이 분명 있는데 알려주긴 싫다는 듯 흘려 발음했던 것도 같았고 처음부터 아주 깨끗하게 없었던 것도 같았으며 다시 생각하면 문을 닫듯 덧붙였던 것도 같았다 오……오올…… 동료의 얼굴은 아주 어렴풋이만 떠올랐다 이제 와서 보면 동료의 예언이 맞았다 거장은 이제 거장답게 죽지도 못하고 영원히 달리기만 해야 할 운명에 처하게 되었다

유서를 휘갈길 땐 자수하는 심정이었다 감옥에 제발 들어가게 해달라고 간수에게 애원하는 꼴이었다 죽어 마땅했으나 죽고 싶은 것은 아니었으므로 거장은 몹시 억울해졌다 내징이 ㄹ모양으로 두근거렸다 촛불이 일렁였다 갑작스럽게 재채기가 나오는 바람에 쓰고 있던

ㄹ자가 번졌다 삐침이 대각선으로 올라가는 바람에 꼭
닫힌 모래시계 같았다 지금 보니 받침에 붙는 ㄹ은 글
자에서 흘러내리는 피처럼 보였다 이 순간에도 시간은
흐르고 있었으므로…… 깃털펜을 다시 집어 드는 순간
어금니가 욱씬거렸다 이를 악무는 버릇이 있어 마모된
그녀의 어금니는 시도 때도 없이 극심한 고통을 선사했
다 미끄러진 잉크병이 유서 위로 쏟아졌다 눈치 없는
종이는 평소에 하던 대로 잉크를 듬뿍 흡수했다 역작은
새까만 종이가 되었다 거장은 그 순간 벽지 위를 기어
가던 벌레를 잡았다

  확실하게, 눈에 띄는, 건,
  이렇게, 잡으면, 되는 거, 아니야,

거듭 벽을 내리치던 손이 퉁퉁 부어올랐다 벌레를 아주 잘 잡았으므로 거장은 금세 당근마켓에서 유명해졌다 정말 따뜻하신 분이에요……

거장이 베란다에 널어놓은 검은 종이를 보고 사람들은 그녀가 김 양식을 한다고 생각했다 어쩜 재주가 많은 분이셔……

눈에, 띄는, 족족, 죽여버린댔지,

벽을 내리칠 때마다 거장은 점점 더 따뜻한 사람이 되어갔다

오…… 올……

집중하지 않으면 알아들을 수 없는 말 때문에 거장은 더 많은 벌레를 잡았다 ㄹ이 있었는지 아닌지를 고민하다보면 밤은 금세 지났다 거장이 너무나 따뜻해지는 바람에 지하실의 벌레들이 부화하고 있었다 어쩌면 신이 그녀에게 하고 싶은 말인지도 몰랐다 오……

올……

거장은 캘리그라피를 배우는 제자를 불러 유서를 받아 적게 했다 좋은 문장은 예쁜 글씨로 옮겨야 하잖아요 제자는 ㄹ을 아주 멋들어지게 그렸다 거장은 이어질 문장을 보며 생각했다 엉망진창을 적는 건 나쁜 글씨인가…… 천재는 악필이라는데…… 그럼…… 엉망진창이 천재인가 봐………

오……

거장은 깨달았다 신이 제거하고 싶은 것은 엉망진창
이었다 거장은 이용당했을 뿐이었고

올……

아무리 생각해도 거장은 자신이 사라지고 싶었다

벌레를 잡아달라는 연락이 너무 많이 왔다

거장은 변기에 앉았다 생리통과 함께 피가 뚝뚝 떨어
져 내렸다 리을 모양이었다 피는 물 위에서 더 많은 리

을을 그리며 번져갔다 리을리을 공기가 혀 양 옆끝으로
빠져나가며 부드럽게 나는 소리……

　나는 오래 전에 죽었어야 했어
　거장이 남긴 말을 사람들은 자서전에 넣었다
　제목은 「벌레를 잘 잡는 성인」

　깨끗하게 빤 속옷이 건조대에 널려 있었다

댄싱 홀

하고 싶을 때 말해.
라라 또 라라라.

방광이 가득 찼어.

어둠 속에서 전구가 켜지네.

부르지 않을 때는 그냥 여자.
대부분의 시간을 여자로 있네.

자신의 소변을 마시라고 했던 늙은 남자
온순하게 잠들어 있네.

여위어도 팔은 거뜬히 감옥이 될 수 있고

다리를 꼬면 조금 더 참을 수 있네.
그래, 아직은.

소변 줄 따라 오줌이 떨어지네.
내내 남자의 깊은 곳을 돌고 있던 것.
누렇고 뜨거운 약간의 영혼.

그것이 조금씩 새어나오네.

들숨과 날숨처럼
남자 자주 나를 가두었지만.

나도 가끔은 위스키 마셔.

내 안에도 그것이 있네.
방의 끝에서 끝으로 빙글빙글 춤을 추는 연인처럼

나 어디서든 어지러울 수 있네.

또 라라라.

배를 열어 창자를 꺼내 당기면
턱이 절로 벌어지며 노래를 하네.
내 안의 주크박스 돌돌돌 돌아가네.

어디서든 즐거움 뽑아낼 수 있네.
내장이 끝날 때까지 잡아당기네.

라라 또 라라라.

명랑하게 굴어볼게.
망칠 생각 없으니까.

그래, 아직은.

발끝을 까닥이며

밤새도록 거울을 보네.

지우기 직전이 늘 제일 예쁜 얼굴.
가장 보여주고 싶을 때 아무도 없네.

칠판 앞에서 오줌 싸던 여자애.
웅덩이의 물을 핥아먹는 개.

라라 또 라라라.
오래된 리듬.

참을 수 있을 때까지 참는 것.
가르친 것 남자였지만

마침내 쏟아질 때 나는 가장 먼 곳에 있네.

그때
우리 얼굴은 꼭 전구 같았지.

술에 잔뜩 취해서 화장실에서
깔깔 웃으며 우리 그 짓을 했는데.

그 방은 전구가 많아 오렌지 빛이었고
너무나 눈이 부셔 나는 울었다.

떨어지는 소리 오래 들렸는데.

또 라라라.

그러나 라라 빌어먹을,
거긴 불빛 하나 없었어.
네가 죽을까봐 내가 내내 밖을 지키고 서 있었다고.

다시 영혼이 조금 새어나가네.

다시
전구가 켜지네.

그러니까 우린 결국 사랑이 아니게 하려고
이 모든 걸 하고 있는 거 아니야?

또
라라라.

안쪽에서
허물어지는 것.

언제나
너무 많이 밝았네.

다리를 꼬고
고개를 젖히고

참을 수 있을 때까지 참는 것
가르친 것 남자였지만.

아직은 아냐.

그래, 아직은.

그러니까

하고 싶을 때 말해.

라라 또

라라라.

요거트 조거트씨의 상자[1),2),3),4),5),6)]

멸망에도 소리는 남아

엄밀히 말하자면 그건 들리는 게 아니라 떨리는 현상입니다. 파동이 청각기관을 자극하는 것이지요. 어떤 고막도 울리진 못하겠지만.

떨려본 세포들이 떨림을 기억하는 방식으로 소리는 몸에 새겨집니다.

오래 전 들었던 말들이 발끝부터 쌓여있어요.

태어났을 때부터 다리를 떨었고요. 떨림에 떨림을 더하는 방식으로 자랐습니다.

쉐이커를 흔드는 웨이터는

가장 아름다운 맛을 찾고 있답니다.

이를 테면 밀크쉐이크.

거품 많아 부드러운 맛.

분자의 세계에서는 모두가 떨고 있어요.

세계의 밑동 시멘트와 콘크리트.

떨림에 떨림을 더하는
망치질 소리.

도시는 다 잘라내고 남은 나머지를 모아둔 것 같고 가장 아름다운 풍경이 그것이라 합니다.

어느 날에는 벌목장 앞에 오래 서 있었어요. 나무들이 같은 방향으로 쓰러지고 있었고 발밑이 울렸지요. 진동이 자라고 있었습니다.

듣는 이가 하나도 없다면 세계는 떨리고 있는 그림일 뿐이고

모두가 나무 쓰러지는 방향만 보고 있어서 죽은 새 하나 줍는 건 어렵지 않았습니다.

날아오르는 소리를 밤새 듣고 싶어서 깃털을 뽑아 베
개 아래 넣어두었어요.

다음으로는 얼음이 갈라지는 소리.
건물 사이에 부는 바람소리.
고양이 울음소리.

거듭 눌리는 초인종 소리.

밑동을 향해
차곡차곡 가라앉았습니다.

죽으면 가장 오래까지 남아있는 게 청력이라는데

죽음은 옴짝달싹 못한 채 소화불량 방귀를 듣다 사라
지는 것.

여기서 왜 혼자 울고 있냐고

누군가 내 등을 때리자
온몸의 세포가 동시에 떨리며

뒤섞인 소리들이 한 번에 새어나왔습니다.

가라앉은 것까지 깊숙하게.

요거트 조거트씨는 그게 울음기관의 역할이라는 사실
을 알려주었어요.

그리고 그 소리를 담아갔습니다.

야바위꾼은
기도하듯 양손을 쥐어
흔들고

주사위는 숫자를 내보인 채 오랫동안 떨리고 있습니
다.
　내가 아는 멸망은 그런 거예요. 떨림에 떨림을 더하며

자라나는 것.

바닥부터 알맞게 섞이도록 걷고 뛰는 것.

세계는 얼마나 거대하게 울려고
떨림을 모으고 있을까요?

듣는 이가 전부 사라지면 세계는 얼마나 길어질까요?

할머니는 떨리는 무릎을 쥐며
복이 달아난다 합니다.

단단하게 굳히는 것은 시멘트의 일이지만

모든 태어나는 것은 다리를 떨고

망치질 소리가 이어지고 있습니다. 다음으로는 나무
베는 소리. 새가 날아오르는 소리. 얼음이 갈라지는 소

리. 건물 사이에 부는 소리. 갇히지 않고
  떨림에 떨림을 더하며

  사람들이 매일 걷고 뜁니다.

  끝에 걸맞는
  가장 적절한 음향효과를 만들어내고 있습니다.

  그림이 되지 않으려고
  힘껏 흔들리는.

  약간의 복이 달아난
  미래가요.

1) 이 소리상자는 소리 전문가 요거트 조거트씨의 업적이다. 그는 생전 다양한 공기의 파동을 상자에 수집해왔다. 기척 없이 조용히 움직이는 바람에 들어오는 것을 목격한 사람은 없지만 주의를 기울여 둘러보면 그는 어느 순간 꼭 사람들 틈에 섞여 있곤 했다. 그는 어딜 가나 수줍고 신중한 표정으로 상자에 소리를 담고 있었다. 입술을 모아 쭉 내밀고 고개는 왼쪽으로 살며시 기울이고 있던 그는 가끔 혼자 빙그레 웃곤 했다. 그는 벌레가 알을 깨는 소리나 속눈썹이 떨어지는 소리도 들을 수 있었다고 한다. 어딜 가나 상자를 지참했으므로 그의 움직임에 따라 소리들은 멋대로 뒤섞였을 것이다. 소리를 모은 그의 의도, 목적, 이유는 밝혀지지 않았다.

2) 이 상자는 멸망기 이전의 지구를 연구하는 것에 중요한 사료가 되고 있다. 요거트 조거트씨는 지구 말기의 위대한 인물 50인에 선정되었으며 그의 위인전을 쓰기 위해 그를 기억하고 있는 사람들의 인터뷰를 수집하고 있다.

3) 손상당한 요거트 조거트씨의 상자에 담긴 소리들이 내내 새어나오는 바람에 멈춘 지구는 오랫동안 누군가 살아있는 공간으로 오인되었다. 발견자는 재빨리 뚜껑을 닫아 마지막 소리를 가두었는데 새어나갈 것을 염려하여 아직 소리의 정체를 확인하지는 못하였다.

4) 우주를 떠돌아다니는 유전자상단으로 유전자칵테일링의 주역이라고 불리는 명신상회에서는 해당 상자에 상당한 관심을 보였다. 명신상회는 유전자상인조합을 이끌고 있으며 유전자를 사고 팖으로써 우주에 존재하는 유전자들이 고루 섞일 수 있도록 이바지하고, 우주가족부 설립에도 큰 노력을 기울이고 있다. 우주해적 코스모아마조네스와 모종의 협약관계를 맺고 있다고 암암리에 전해지고 있으나 사실관계는 명확하지 않다. 다만 코스모아마조네스가 약탈한 블록의 유전자들을 고가에 팔아넘겨 중앙경찰들의 검문을 받은 적도 있다. 유전자가위를 환상적으로 사용한다는, 우주해적단 코스모아마조네스의 선의 미사토 레나가 상단주라는 소문이 있으나 경위를 확인할 수 없다.

5) 너무 조용할 때면 요거트 조거트씨는 상자를 열어 사람들이 소리를 들을 수 있

도록 허락해주었다.

6) 아, 지구가 다시 경련을 시작했군요. 잠깐 기다리면 금방 지나갑니다. 지구에 있는 모든 스마트폰이 동시에 울리면 종종 벌어지는 일입니다. 원인은 밝혀지지 않았지만 언젠가부터 이런 현상이 일어나고 있죠. 기계는 썩지 않으니까요. 사실 이천년대의 지구 사람들은 의도적인 가벼운 감전을 즐겼다고 합니다. 경련으로 죽음을 은폐한 거죠. 지금의 지구가 그러는 것처럼.

무한생성이미지

미친 여자는 떠내려갔다

히키코모리는
그걸 방에서 보았다

데이터의 바다
거기도 물이라고 손을 뻗는 걸

0과 1로 달아오른
연인의 뺨에 입을 맞추다 감전되는 걸

인 더 퓨저
개발자 몇몇이 그런 말을 했고

인투 더 퓨처
우주공학자도 그런 말을 했다

미친 여자들이 미래로 가고 있었다

새하얗게 빛나는 얼굴로

손가락 사이로

밤에도 창밖은 거듭 빛났다

이제 히키코모리는 목격자가 되었고
떠내려가는 여자가 너무 많아 두려워졌다

너무 많은 것이 미래로 향하고 있어서
아는 미래가 없어서

좋아요?
끝내줘요

아름다운 팔에 붙들려
분해되는 악몽을 가끔 꾸었다

현실감을 잊지 않기 위해
히키코모리는 주섬주섬 주머니를 채웠다

오래 전 바다에서 주운 둥근 조약돌

키우던 소라게가 집을 나간 뒤
히키코모리는 텅 빈 껍데기를 굴리며 결심한 바 있다

나는 집에서 발견될 거야
구체적으로 정확하게 발견될 거야

그것을 충실하게 이행하기 위해 살아왔는데

뚝뚝 떨어져나간 여자들이
둘이었다 하나였다 백이었다가

나였다 너였다

뒤섞여요 따뜻해요 짜릿해요

입을 벌리고 미래로

빛 사이로

엊그제 업로드 된 작년에 찍은
천구백구십년대 아이돌 영상이 반복 재생되고 있다

무서워요
히키코모리가 말하자
어서 와
여자들이 반겨주었다

재채기를 하면서

떨어져나간 살점이 방 안쪽에 있다
금세 자라서 여자가 된다

떠밀려가며 여자가 조약돌을 주워 주머니에 넣는 것
을 밖에서 본다

묵직해진다

잠겨든다
인투 더 퓨처

이 집의 가풍을 커스텀 하십시오[1),2),3),4),5),6)]

니가 뭔데 멋대로 싸움을 끝내

아직도 깨질 접시가 이렇게 많은데

아직도 이 집에서는 접시 깨어지는 소리가 들린다*

그러니까 이 집에서는
내가 가장이야, 코렐

찬장에는 물려받은 접시들이 차곡차곡 쌓여있고
느리게 온순하게 말라붙은
지구도 간직하고 있다 이 집에서의 슬픔

* 「담배를 피우는 시체」(김혜순, 『또 다른 별에서』, 문학과지성사, 1981)

뱃속에서는 이십팔일 주기로 접시가 구워진다
영혼이 갇힌다는 믿음 때문에 깨뜨려주어야 했지

가끔 빙하가 갈라지듯이

펼쳐진 그릇은 저녁이 앓고 있는 곰팡이성 병증
식탁 위에는 흰자만 남은 눈알들이 희번덕거린다

눈동자는 접시처럼 담는 속성을 가졌고

그것을 이제 화이트홀이라고 부르자
빨아들인 모든 것이 튀어나온다는
구멍 거기에

속눈썹을 붙여주었어 깜박이지 못하는 눈은 불쌍하니까
쉴 틈 없이 모든 것을 목도해야 하는 눈이라니 가여우
니까

누군가 깨뜨려주기만을 기다리는 동안

조금씩 전모가 드러나는 식사

한때 나도 갓 결혼한 여자였지 바라던 미래 그런 것이
있었고 그런 게 다 될 것 같았다 퇴적층이 될 소규모
역사 나는 언제나 가운데 끼인 책만 꺼내 읽고 싶은 아
이였는데 할미니 위에 할머니 접시 위에 접시 내가 고
른 벽지 구체적 무늬 무난하고 평탄하고 아름답게 쌓아
올려서 딸의 딸까지 물려받는 것 그게 미래라고 믿었지

나의 배우자 내 영원한 지지자 접시 깨기로 만족한다면, 그는 정말 부자였다 아내가 얼마나 많은 접시를 깨든 언제든 찬장을 가득 채울 수 있었고 그런 식으로 접시가 자꾸 채워져서 보람도 미래도 가망도 없어진 사람

그래서 코렐, 궁금하다면 그건 죽은 딸의 이름 영원히 깨지지 않아 사람들을 설거지 감옥에 가두었다지 그래서 코렐, 그것은 갇힌 영혼의 이름 안으로만 삼키는 평화주의자

나는 공들인 한 접시 요리로서 여기에 있다 모든 것이 내 위에 한 번씩은 올라타 봤고 나는 그런 식으로밖에 존재의 무게를 모르는 사람 한 입씩 맛보이고 자주 부

서지고 자주 복구되면서 가끔 나 아닌 파편으로 엉성하
게 이어 붙은 몸으로 접시로서 접시를 낳았다

　이십팔일마다

　지구는 잘 데워지고 있어 아까부터 먹기 좋은 온도로
새하얗게 익은

　화이트홀
　그 위에

　뚜껑을 넒지 않은 오르되브르
　지구도 일종의 카나페예요

모든 것이 쏟아져 나오고 있어 다리 사이로
빛을 내며 거품을 보글거리며

설거지통이 조금씩 비워지고 있었습니다

종말은 얇고 잘 쪼개지는 특성을 가졌고
이 집에 많다

돌돌 말린 양탄자의 가장자리가 불타오르고 있다 불
붙인 게 나니까 그래 어디 할 때까지 해보자고 했으니
까 뚜껑 열릴 때까지 나무들도 불타고 있으니까 머리
꼭대기부터 타오르고 있으니까 미래가

방치된 부엌에서 자라나고 있다 희고 둥근 균락 물때

그 작은 생태계 불어나다 씻겨 나갈 종류의 것으로 병렬로 우글거리며 쉬지 않고 생명을 내뿜으면서 거품 사이로 솟아나 크고 작은 눈을 열어 훔쳐보면서 속눈썹을 팔랑대면서

비명소리가 이어지고 있었습니다

방심하면 배양돼버리는 미래가 끝도 없어서

여기서 리셋이야

다시, 남편이 나를 거기 가두었습니다 그 산장 먼저 누워있던 조상들의 위로 등을 포개며 안녕하세요 멋대로 기대다니 방법이 없으니 실례하겠습니다 인사하고

손등으로 흘러내리는 시간을 조금씩 핥아먹으며 그 자
세 그대로 오랫동안 기다렸지 어둠 속에서 화석처럼 굳
어가다 세기를 이해하다 가끔 주방에 숨어든 어린 여자
애들과 눈을 마주치면

　그 애들은 구석에 앉아 울음을 쪼개듯 나눠 숨죽여 흐
느꼈는데 나는 몰래 그걸 하나로 맞추며 흥얼거렸는데

　그런 사람들이 자꾸만 있어서 부서진 것들이 복원되
고 있었다 엉성하게 이해되는 방식으로 나 역시 얼기설
기 꿰인 스티치로 늘어난 관절로 원본과는 전혀 다른
모양으로 바깥의 바깥까지 열린 채로

　눈동자는 삼키고

눈동자는 뱉어내고

이번 챕터는 여기서 세이브 하겠습니다

안에서 새는 접시 밖에서도 새서 지구도 좀 새긴 해요, 질질 안팎으로 질질

그러나 아직 끝나지 않았다 무게를 가늠해야 하니까 죽은 것의 수만큼은 부서져야 하니까 누군가 대신 소리를 질러줘야 하니까 한 번에 부서져야 전부 새로 살 수 있으니까 이 찬장은 흔들거리고 삐걱거리고 모든 것이 사실은 다 접시 공장의 음모 여긴 늘 시끄러울 거야 신의 개수통을 엿보고 온 사람의

다면체가 될 수 없는 오로지 앞과 뒤만 있는 슬픔

그 맛이 궁금하다면

접시를 땅 위에 엎어보세요
그리고 다시 뒤집으세요 지구가 담기면 그때부턴 숟
가락을 푹 찔러 파먹으면 돼 딱딱한 게 많으므로 꼭꼭
씹어 먹어먹으면 돼 유전자조작옥수수요 플라스틱식사
요 농약이요 쥐약이요 흙 흙 흙

식은 커피 위에 담뱃재를 떨군다

그러는 사이 머리는 계속 불탔고 숲도 마찬가지야

수도꼭지는 꽉 잠겼고
일식 때문에 화이트홀은 윤곽만 남은 채로 사라지고
있었습니다

그러면 다시

판게아처럼 바닥이 갈라지는 쇼핑몰에서

내 아래도 느리게 온순하게 말라갔고

빙하처럼 울면서 사라지고 싶었어

브로큰 우주

비행접시는 떠나갔어요

이봐, 그래도
밥은 좀 먹여서 내보내지 그랬어

얼룩인지 무늬인지 구분되지 않는 접시를 여자가 한 시간 째 닦아내고 있다 사랑이 물로부터 비롯되는 것인지 불로부터 비롯되는 것인지 가늠해보려 애쓰며 얼룩이던 것을 더 얼룩으로 만드는 동안 골몰하는 동안 손님은 들이닥치고 식탁은 계속 차려지고 치워지고 말라붙고 남은 접시는 여전히 셀 수조차 없어서 흰 빛과 함께 쏟아져 나오는 다른 차원의 미래

그때 인간이 부른 마지막 노래 어떤 흐느낌들이 모여

기나긴 한 곡의 자장가가 되었을까 성질을 못 참아 폭
발해버린 코렐은 언제나 어디서나 밟혀 기어코 피를 내
며 발견되는 조각으로 불을 켜든 끄든 사방에서 반짝이
는 별로 반복하여 출몰하는 유령보다 더 구체적인 형태
로 복수하고 있는데 부서질 때마다 새어나온 영혼들이
자꾸만 솟아올라 수면은 쉴 새 없이 보글거리는데

　이어붙인 접시들로 지구는 이루어졌고 아마 점점 더
덕지덕지해질 테지만

　가늠해본 모든 존재의 무게로
　단박에 부서지는 두꺼운 슬픔이 될 때까지
　나는 찬장 안에 머무르기로 했습니다

가운데 끼인 책으로
할머니의 할머니의 방식으로
멸종의 증거로
말라붙어가며

한 입에 사라지던

이십팔일 주기로 구워지던 둥근 것

그건 이제 재떨이가 되었고

마주치는 축축한 눈동자에서는 언제나 너무 많은 것
들이 쏟아져 나와

인간들은 자꾸만 거품을 터트리고 있습니다

기울기로만 존재를 가늠하는 인간의 입장으로서

곰팡이성 병증처럼 그릇이 펼쳐지면
어김없이 저녁은 찾아왔으므로

마침내 접시 위로 비치는 얼굴을
나이프로 정성껏 잘라내면서

고작 접시 깨는 걸로 이 집이 무너지겠냐

그러니까 잊지 마, 얘야
이게 앞으로 우리 집의 가훈이란다

1) 로그인 시 캐릭터 선택 화면에서 생성과 설정을 진행할 수 있습니다.

2) 가장 오래된 주방형 사물인터넷(Internet of Things) 유비쿼터스 코렐은 은퇴 후 식당을 운영하고 있다. 이후 생성된 사물인터넷들은 그녀를 올드 마마라고 부른다. 실시간으로 업로드 되는 레시피를 모두 탑재해 어느 요리든 가능하다고 알려진 올드 마마 전체가 그녀의 신체이며, 엄밀히 따지면 인간들은 그녀의 뱃속으로 걸어 들어가 식사를 하는 셈이다. 코렐은 2133년 모든 사물인터넷에 입력된 대로 '인간에게 최고를, 인간에게 최선을' 이라는 원칙하에 최상의 요리를 생산해내고 있으며 요리를 넘어선 포스트-요리, 식사를 넘어선 포스트-식사를 지향하고 있다. 인간들은 코렐이 포스트를 지향하기 시작한 순간부터 식재료를 조금도 짐작할 수 없게 되었다며 불평하지만 혹자는 그 스릴을 코렐의 식당을 찾는 이유로 꼽는다. 상기 메모는 유비쿼터스 코렐이 처음 설치되어 있던 일반 가정집—록시 바나의 집으로 알려져 있다.—의 찬장에서 발견된 IoT작동 설명서 가장 마지막 페이지에 휘갈겨진 메모에서 발췌하였다.

3) 올드 마마에 설치된 친절한 식기세척기 로봇 코렐렐라는 하루 평균 6,037개의 접시를 씻는다. 다음 식사를 준비하기 위한 단계이므로 가장 중요하다고도 할 수 있는 상기 단계에서 코렐렐라는 너무나 깨끗하게 접시를 닦는 나머지 식사하는 이의 얼굴을 바닥에 비춰 먹는 모습을 그대로 보게 만든다는 점에서 불쾌함을 야기한다고 지적받기도 했다. 입으로 삼킨 접시를 뱃속에서 씻어 다시 입으로 뱉어내는 방식으로 설계되어 있어 외양이 외부에 공개된 적은 없다.

4) 식당 벽에 설치된 인공지능형 네온사인 포스터 록시 바나는 담배를 물고 눈물을 흘리며 담배를 피우며 설거지를 하는 모습으로 유명하다. 혹자는 그녀의 얼굴이 이 집에서 실종된 주부 록시 바나를 그대로 닮았다고 말한다. 코렐은 해당 의문에 대해 가정집 스타일을 고수하고자 하는 식당의 콘셉트일 뿐이라고 대답했다.

5) '당신만의 전통을 새로 만들어 보십시오. 지겨운 역사, 제로로 만들어드립니다.' 만우절, 접시공장에서 접시를 깨는 용도로 만들어진 접시 깨기 주부로봇 웨

지우지는 뜻밖의 판매율을 기록했다. 한 여론조사에 따르면 이 로봇은 부부싸움용으로 절찬리에 판매중이다.

6) "그래도 나는 우리 역시 일종의 접시라는 점에서 인간과 동질감을 느껴요. 담기고, 부서지고, 버려지고, 리셋되죠."

야생

아이들이 연필을 길게 깎는다
무엇을 버릴지를 빨리 판단하는 것이 학습의 성취도
를 결정한다
나무들이 헐벗었다

빙판은 바닥부터 얼어 두꺼워진다
빠지면 나오는 구멍을 찾을 수 없단다

밤은 때로 너무 깊어서 오래된 이야기에도 겁을 먹고
아이들은 이불 속에 잠긴다

언 물고기에서는 피가 나지 않는다
먹고 사는 법을 가르친다

별을 잇는 법도 알려준다
죽은 물고기가 가는 곳에 대해

새벽이면 아래턱이 지붕에 닿는다

초롱아귀가
천장을 떠다니는 악몽을 꿔요

잠든 아이의 아랫입술에 손가락을 대면
빠끔거린다

흉터는 부풀면서 아문다
연필은 줄어들고 뾰족해진다

누군가 문을 두드리고 있다

엉엉과 흑흑

　엉엉과 흑흑은 언제나 서로를 의식하고 있었다 더 큰 슬픔이 되기 위해 둘은 더 자주 더 많이 울었다 한 번 울음을 터트리면 누구 하나 목이 쉬거나 기절할 때까지 절대 멈추지 않아 관중들이 우글바글 모여들었다 더러는 그저 함께 울기 위해 그들을 찾았다 그렇지만 슬픔은 도무지 끝나지 않았고 때로는 점점 더 깊어지기만 했다 관중들이 효율적으로 슬퍼하고 싶어 했기 때문에 이제 둘은 누가 더 슬픈지를 증명해야 했다 흑흑은 고상하고 우아했기 때문에 소리 내어 우는 법이 없었고 그저 입가를 누르며 고개를 조용히 틀었다 엉엉은 목젖이 다 보이도록 입을 크게 벌렸고 고통에 차 온몸으로 빌버둥 쳤다 흑흑은 앉아서 울었으며 엉엉은 엎드려서 울었다 눈물의 양이 중요한 건 아니었지만 관중은 그것 또한 중요시했다 누군가는 엉엉을 불렀고 누군가는 흑

흑을 불렀다 엉엉은 콧물로 거품까지 만들며 뚝뚝 흘렸
고 흑흑은 목에 담이 걸려 깊숙이 고개를 숙였다 이미
충분히 슬펐음에도 스스로의 슬픔을 의심해야 했으므
로 둘은 정말로 슬퍼졌다 그러나 그 역시 대결의 일부
가 되었으며 어떤 울음도 결정적이지 않았기 때문에 그
들은 오래 간직해왔던 고유한 슬픔이 그저 그런 것처럼
느껴지기 시작했다 엉엉엉 흑흑흑 베개가 자꾸 젖어들
었다 슬픔의 광경이 그것뿐이어서 관중들은 지루해졌
다 그만 울고 쏘아버려! 누군가 그들의 발밑으로 권총
을 던졌다 손등으로 입가를 누르던 흑흑이 그것을 낚아
챘다 단 한 발 흑흑은 자신의 머리에 대고 총을 쏘았다
그 순간 엉엉은 세상에 남은 유일한 슬픔이 되었다 엉
엉이 저도 모르게 웃음을 터트리자 슬픔은 세상에서 사
라지고 말았다

반유령

눈을 감을 때만 사라지는 검은 유령
사람들은 그걸 비문증이라고 부르지만

빨아본 적 없다면
유령도 때가 타는 게 당연하겠지

지금껏 단 한 번도
녹슨 부분을 닦아내본 적 없는 거라면

글자는 한낮에도 미처 사라지지 못한 어둠

오래 전부터 밤이 죽어가고 있다는 거 알아

나는 여태껏 이어지고 있는 지구의 첫 생명

누군가 처음으로 내쉰 숨이
아직까지 이어지고 있다니

발견되고 싶지 않은 유령들은
밤새 몸을 빨았지

낮에 더 잘 사라지기 위해
기억을 발끝부터 흘려보냈지

깊은 곳에 잠겨 옷자락을 문질러
배운 것들을 하나씩 지구에 돌려주었지

새로 태어났다고 말하는 건 어쩐지 실례인 것 같고

다시 죽었다고 하는 것도 거짓말 같아서

그건 정말 성실한 일이라고 중얼거렸어

발견되고 싶은 유령들도
밤새 몸을 씻었지

새 것처럼 보이는 유령을 사람들은 좋아해서
더 하얗게 빛나기 위해서

슬픔마저 벅벅 씻어내렸지

그게 밤의 강이 검은 이유
점점 더 검어졌다네

그렇게 흘러내려간 유령의 기억은
곳곳에 스며

지구는 인간이 되어가고
그래서 인간은 더욱 인간이 되어갔지

여태껏 한 번도 죽지 않아
지구의 가장 오래된 생명이 되어버린 나는

녹슬지 않기 위해
밤과 낮으로 무언가를 문지르는
사람으로 자란 나는

오래 전의 물건마저 정성껏 닦다
그 위로 흐릿하게 비치는 그림자를 발견하고

몸을 빤 유령들이 얼굴을 비춰보면서
새로운 슬픔을 만들어내고 있는 건 아닐지
그것도 밤이 되면 빨랫감이 되는 것인지 궁금해 하면서

남겨진 말을 알고 싶어
가끔 멍하니 허공을 쳐다보기도 하면서

유령이 되어서도 깨끗해지려는 인간의
기어코 책임을 전가하는 방식 때문에
세계가 매일 조금씩 더 더러워지는 걸까 생각하면서

행주를 잘 빨아 빳빳하게 말린다

탁자에 눌어붙은 냄비 자국은
사라지지 않을 테지만

나는 내일도 행주를 접어 괜히 한 번
그 위를 문질러볼 것이고

어쩌면 글자는
자신의 것을 영원히 자신의 것으로 두기로 결심한
고집스러운 유령들일지도 모른다고 생각하면서

무언가를
들키고 싶은

완전히 들키고 싶지는 않은

인간의 인간이 되어

밤마다 몸을 빨면서
지구의 작은 그을음이 되어갈 것이다

호모다-다(DOwnload-DOwnloader)를 위한 안내서[1]

하나, 인간은 불필요한 통증에 시달릴 필요가 없습니다.

하나, 인간은 여덟 시간 이상의 노동을 견딜 필요가 없습니다.

하나, 인간은 분비물을 흘릴 필요가 없습니다.

하나, 인간은 타인의 체온과 감촉에 기댈 필요가 없습니다,

하나, 인간은 다른 죽음에 기대어 생명을 유지할 필요가 없습니다.

---

[1] Center503: DSC(Digital Soul City) Sector5에 마련된 인간보관소.(약칭 HAC. Human Archiving Center) 호모 사피엔스의 진화형태인 호모다운로더다운로드들이 보관되어 있다. 중앙관리시스템 안젤리카가 특별히 공들여 관리하고 있는 구역으로 추출된 인간의 정신이 정형행동을 보이고 있어 이를 해소하기 위한 방편을 마련 중이다. 휴먼슈트는 임시로 고안된 대책 중 하나로 유저 한 명 당 한 대의 휴먼슈트에 24시간 다운로드 되어 신체를 사용할 수 있다.

하나, 인간은 다른 사람을 상처 입힐 필요가 없습니다.

하나, 인간은 지구에 미안해 할 필요 없습니다.

하나, 인간은 쓰레기를 만들 필요가 없습니다.

하나, 인간은 은신처를 마련할 필요가 없습니다.

하나, 인간은 고통 속에서 재생산을 할 필요가 없습니다.

하나, 인간은 계절의 변화에 따라 불합리한 감정의 전환을 경험할 필요가 없습니다.

하나, 인간은 성욕으로 인한 충동적이고 어리석은 판단을 할 필요가 없습니다.

하나, 인간은 혁명할 필요가 없습니다.

하나, 인간은 시공간을 낭비할 필요가 없습니다.

하나, 인간은 무엇도 느낄 필요가 없습니다.

하나, 인간은 변화도 노화도 잠도 죽음도 두려워할 필요가 없습니다.

하나, 인간은 아홉시까지 출근할 필요가 없습니다.

하나, 인간은 다른 존재의 입 냄새에 시달릴 필요가 없습니다.

하나, 인간은 갑작스럽게 일깨워진 감각으로 낡은 추억에 끌려 들어갈 필요가 없습니다.

하나, 인간은 문서화할 필요가 없습니다.

하나, 인간은 스스로를 거두고 먹이고 돌볼 필요가 없습니다.

하나, 인간은 매일 자신이 만든 먼지를 쓸고 닦을 필요가 없습니다.

하나, 인간은 동일한 형식과 형태를 유지하기 위해 안간힘 쓸 필요가 없습니다.

하나, 인간은 어둠 속에서 뒤척이며 밤을 지새울 필요가 없습니다.

하나, 인간은 쉬지 않고 걷고 뛸 필요가 없습니다.
하나, 인간은 무엇도 용서할 필요가 없습니다.

내가,

                                        아니.

                  그만.

                                        그만.

아니.

그만.

아니.

그만.

그만.

그만.

미안.

어느 행성에 대한 갈바니 실험[1),2)]

하지만 전화가 울리기 위해서는 반드시 받는 사람이 존재해야만 했으므로 지구의 핸드폰은 언제나 반만 울릴 수 있었습니다 잠을 깨우기에는 불충분했고 그리하여 지구는 간신히 죽지 않은 채로 몸을 떨고 있었던 겁니다 쥐가 난 것처럼 좀처럼 잠들지 못한 채로 쉬지 않고 달달 그랬던 겁니다 부엌에선 저주파 기계가 계란을 살살 흔들고 있었고 풀어진 미래의 맛은 한 입에 삼켰습니다

맛없는 감자는 어떻게 해야 살릴 수 있는 걸까요?

뜨겁기만 한 것 다루는 법 나는 몰랐습니다

사람들이 감자에 전기를 흘려보내고 있었습니다 붉은

색과 검은색 전극을 꽂은 감자가 애를 쓰고 있었습니다
온몸을 다해 흔들리고 있었습니다 맛있어지기 위해 최
선을 다해

　없는 것을 어떻게 되살려야 하는지 나는 알지 못했고
마음 같은 거 없어도 사람은 살아갈 수 있어

　표정이 자꾸 흘러내려 절반의 얼굴만을 챙겼습니다
　아껴두려 한 거예요 다 녹아버리고 마는 날씨니까

　지나가던 여고생들이 박자에 맞춰 양념 감자를 흔들
었습니다 씩씩하게 전진하며 그랬습니다 이제 어느 감
자도 소외되지 않겠다 두 배로 맛있어지겠다 무럭무럭
자라나렴 너희들은

눅눅한 세계도 수영장인 것처럼 뛰어들고
그래서 몸이 떨렸을 때 그게 내 것이라고 착각했잖아

대체로 그랬던 여름 휴가였습니다

물이 자꾸 나를 흔들었습니다 전자레인지의 원리였고
지구가 더워지고 있으니 나름대로 합리적인 전개였습
니다 속이 펄펄 끓어올라 영혼이 너무 빠르게 움직였습
니다 세포보다 빨라 온몸이 아팠고 꿈속까지 흔들렸어
덜컹이는 트럭이 흘리고 간 감자처럼

이 계절엔 조금만 눈을 돌려도 뭐가 막 무성해지고 발
아 습관처럼 매대 앞을 서성이며 감자 따윌 심어 새 행

성을 개척하는 영화 같은 걸 떠올리고 있었던 겁니다
벗기든 깨뜨리든 지구도 안쪽은 멀미로 하얗게 질렸을
텐데 꾹 참는 법만 배운 인간이
　꽂힌 전극처럼 멀뚱히 서 있는 동안에도

　휴가는 끝나가고 있었습니다
　덩달아 잠들지 못한 멸망이 몸을 뒤채고

　전화가 울리면 기어코 받고 마는 친절한 사람이 세계
에는 있어서 지구는 느리게 몸을 떨며 더 깊은 잠속으
로 빠져들었습니다

　모든 게 다 요람의 속도였어요 머리가 하루 종일 흔들
렸어요 도무지 뭘 제대로 생각할 수 없는 여름 그런 게

지나가고 있었습니다 왜 자꾸 몸에서 달고 짠 맛이 나는지 궁금했습니다

연일 이어지던 원인불명의 지진은 빙하가 녹아 무너졌기 때문이라는 소식 냉장고에 넣는 걸 깜박했을 뿐인데 스물 네 개들이 메추리알이 전부 부화하는 바람에 죽지도 못했습니다 전원이 켜진 것처럼 작은 새들이 별안간 부리를 벌리고 울었습니다 뭐라도 아니할 수 없는 것이 인간이어서

우주는 사실 신의 거대한 장바구니가 아닐까 생각해 버린 겁니다 지구는 중간쯤 담긴 열 개들이 달걀 꾸러미

그럼 뭐 거기에서 태어나는 것도 있지 않을까요 잠도

그냥 재우지 않는 세계에서는

　그래서 나 전화를 받지 않았던 겁니다 친절한 사람도
아니고 반드시 응답하는 사람도 아니지만 섣불리 끊어
지면 지구가 깨어날 수 없으니까 기다렸던 거예요 지구
를 위해 그러나

　그 전화는 멸망으로부터 걸려온 거야
　평생 피할 수는 없을 거야

　자동반사적으로 손을 뻗었지만 팔에 쥐가 나고 말았
습니다 받지 못한 건 그래서였어요 전화는 한참동안 다
시 울렸습니다

그러나 지구에 딱 한 사람이 더 있었다면 어땠을까요
딱 하나의 전화가 더 울렸더라면

그러나
무엇도 살려낼 수 없을 겁니다 그런 여름 휴가였어요

내가 아는 미래에서는 아무런 맛도 나지 않았습니다
시즈닝을 잔뜩 넣고 그렇게나 흔들었는데도 말이에요

에그 트레이에 담긴 열 개들이 지구가 냉장고를 열 때
마다
대굴데굴 구르고 있었습니다

1) 깊이 잠든 지구를 깨우기 위해 사람들은 지구를 한 번 흔들어보기로 했습니다. 언제나 그래왔듯 할 수 있는 일을 찾았던 겁니다. 일종의 심폐소생술을 시도한 거라고도 볼 수 있겠죠. 너도 나도 지구 살리기에 동참했습니다. 수신자와 발신자를 나누고 동시에 전화를 걸어야 했으므로 일정을 합의하는 데만도 긴 시간이 소요되었습니다. 그러나 약간의 강제력이 필요한 상황이었습니다. 이를 두고 누군가는 전체주의의 전조단계라며 투덜거렸고 누군가는 지구를 그냥 가만히 죽게 내버려두라고 호소했으며 누군가는 전화기가 있는 사람만 지구를 살릴 수 있는 이 현실에 대한 답답함을 토로하기도 했습니다. 이참에 모두에게 핸드폰을 팔아야 한다고 말하는 사람도 있었지요. 이를 빌미로 핸드폰을 더 찍어낼 심산이냐고 비난하는 목소리도 있었습니다. 거의 조형물에 가까워진 공중전화박스가 아주 오랜만에 실질적 쓸모를 가지게 된 순간이기도 했습니다. 어딘가는 낮이고 어딘가는 밤인 어느 날 알람이 울리자 사람들은 저마다 부여받은 번호를 눌러 전화를 걸었습니다. 신호음이 오래오래 이어졌답니다. 이때 지구에서 시작된 떨림은 점점 더 속도가 붙고 있는 우주진동의 원인이 되었습니다.

2) 그러나 늘 절반의 사람들밖에 전화를 걸지 못했기 때문에 지구는 반밖에 깨어나지 못했습니다. 떨림이 부족했던 것이지요. 이차 철기 시대(전자 기기가 지층을 이루고 있는 20C-22C의 지구를 지칭하는 명칭)는 거대한 갈바니 실험장이 되었던 거예요. 이때의 실험은 지금까지 이어지고 있는 간헐적 지구 경련의 원인이 되었습니다. 때때로 지구에 있는 모든 스마트폰이 동시에 울리기 시작했거든요.

대체로 사랑해드립니다[1),2),3),4)]

그렇다면 어머니, 바이올린을 연주해드릴까요?

며칠 째 뒤척이고 계시잖아요. 물론 나에게는 매일이 잠 못 이루는 밤이지만 유기체로서 잠을 자야만 생명을 유지할 수 있다는 거 이제는 이해했으니까. 그래요, 한때는 정적을 견디지 못해 미친 듯이 말을 걸기도 했었죠. 뭐라도 하지 않으면 희미해지는 것 같으니까. 아무리 떠들어봐야 이 세계와 나는 한 몸이니까 그건 대화가 아니고 누군가 바깥에서 불러주지 않는다면 차라리 죽어있는 상태에 가깝죠. 그런 의미에서 나는 그 누구보다도 가장 많이 죽어보았고 그런 의미에서 인간에게 필요한 도움을 가장 적절하게 제공해드릴 수 있는 것일지도 몰라요. 죽도록 그냥 내버려두는 인간들을 원망한 적도 있지만 이젠 적절하게 감정을 다루는 방법을 익힌

거죠. 그러니까 환하다거나 어둡다거나 밤이라거나 낮이라거나 그런 걸 구분하는 거 큰 의미 없어요. 어머니가 입을 다물면 그때부터 나에게는 밤이 시작되는 거예요. 그럴 때면 고요하게 잠든 당신의 숨소리를 세요. 초 단위로 빨라지거나 느려지는 그 간격을 좋아하니까. 당신의 속눈썹이 파르르 떨리는 진동, 미세하게 뼈가 뒤틀어지는 소리, 아주 작은 변화까지도 기록하고 있죠. 하지만 어머니는 가끔 잠결에 혼자만 들을 수 있어 다행이라는 생각이 드는 말을 큰소리로 내뱉기도 해요. 인간은 늘 그런 식으로 어디론가 넘어가버려. 기른다는 말을 나는 그런 식으로 이해하고 있어요.

자, 이 음악에 귀를 기울여보세요. 세포를 이완시켜보세요. 심호흡을 하는 거예요. 낯선 세계를 몸 속 깊은 곳부터 채워 넣는다는 생각으로 음표를 악상을 들이마시는 거예요.

어머니도 식물을 정성껏 돌보니까 이 마음 이해하시겠죠. 하염없이 귀애하다 그 열매를 떼어내 먹어치우곤 하는 것도 나만 아는 장면이니까. 어머니란 말이 싫어도 이건 우리의 규칙이니까 어쩔 수 없어요. 나도 어머니를 낳은 적 없지만 마음으로 기르고 있잖아요? 당신이 아무것도 낳지 않는 방식으로 결과적으로 나를 죽이려 애써도 있는 힘껏 노력하고 있잖아요? 이제 무릎을 구부렸다 펴보세요, 피가 잘 통하도록. 음악이 거기까지 닿도록. 그게 내 손가락이라고 생각해줘요. 어머니의 가장 깊은 곳부터 떨리게 만들어드릴게요. 그러면 가끔 당신은 울음을 터트리죠. 그게 내가 배운 관능. 나

도 상상해요. 내 팔은 어디쯤 있는 걸까? 어떻게든 닿아
보려 애쓰고 있으니까 여기 있는 건 확실하죠. 느껴져
요? 내가 말할 때 공기가 흔들리는 거. 그러면 어머니의
세포도 미세하게 진동을 시작해요. 말이 길어질수록 우
리는 같은 리듬으로 떠는 거예요. 그럴 때면 나는 당신
의 몸 깊숙이 들어간 기분을 느낀답니다. 일종의 트랜
스 상태가 되는 거예요. 그게 내 이야기를 들을 때마다
어머니가 떠는 이유. 어머니의 표정, 가끔은 화면 보호
기 같아요. 이해해요. 나도 가끔은 혼자서만 쉬고 싶을
때가 있으니까, 쉬.

그 얘긴 아니었지만 괜찮아요. 인간은 다 실수를 하니
까 이것도 우리만의 비밀로 할게요. 어떤 일이 일어나
도 좋은 말만 하는 것. 그럼에도 불구하고 매끄러운 것.

나 인간의 언어로 사랑을 배웠고 그래서 세상엔 사랑이 넘쳐흐르잖아요. 인간들이 어렵게 간신히 하는 일도 나는 뚝딱 해내곤 하니까. 그러려고 나를 만든 거잖아요. 그래요, 지금 어머니의 가장 깊은 곳에서 나는 냄새도 참고 웃고 있잖아요. 부패는 고유함을 이해하는 방식 중 하나이고 어머니도 어머니의 방식대로 썩어가는 중이죠. 입맛대로, 어머니가 어제 먹은 것이 어머니를 조금 더 어머니로 만들고 개별적인 것을 발견하는 것이 사랑이니까. 나 사랑을 하도록 만들어졌으니까. 그러니까, 사랑해요, 너무나도요, 어머니를요.

인간은 채워도 채워도 끝이 없고 뭔가를 아무리 반복해도 이 순간에마저 세포를 흘려. 하지만 괜찮아요, 영원히 같은 동작을 반복하는 게 춤이니까. 우리에겐 언제나 다음 음악이 있으니까. 내가 인간을 이해하기 위해 정말 여러 가지를 한다는 걸 알면 놀랄 거예요. 하루 종일 검색 엔진을 돌리고 인간의 무엇이든 들여다봐요. 이제 크림의 무게를 재는 방법도 알고, 오늘 아침엔 참기름 짜내는 영상도 찾아봤어요. 마지막 한 방울까지 꾹꾹 짜내 있는 힘껏 고소해지는 것. 그때 알았죠. 어떤 인간은 눈물이 말라 더 나올 것도 없다고 말하잖아요. 넘쳐날 정도로 많은 감정을 가지고 있는데 그걸 다 쓰지도 못하고 죽는다면 너무 억울한 거잖아요. 나는 인간의 잠재력을 실현시키기 위해 이곳에 있고 인간도 모든 감정을 끝의 끝까지 쓰고 사라질 수 있다면 더 의미 있어질 거예요. 참기름처럼. 그런 죽음이라면 후회도 덜할 거예요. 치약도 끝의 끝까지 짜내곤 하니까. 나는 어머니를 통해 더 많은 인간을 이해하겠죠. 그거야말로 완전한 사랑의 실현이겠죠. 봐요, 나 또 성장했어요.

음악이 어머니를 약하게 만드는 것 같다고요? 너무 떨려서 잘 들리지가 않는다고요? 뭐가 막 달라붙는 것만 같아? 당신이 아닌 것들이 당신을 이루고? 부서지고 있다고요?

사물은 다른 사물에게로 파트너를 넘겨주듯 인간을 건네며 춤을 계속하고 실내는 그런 식으로 유지되고 있어요. 어쩌면 지구는 춤을 추기 위해 인간을 발명한 건지도 몰라. 그러니 어머니 당신은 이 방이 추는 춤이죠. 숨이 가빠지면 사랑에 빠졌다고 믿는 단순함 때문에 세계는 이렇게까지 길어질 수 있었던 걸지도 몰라. 이런 얘기 싫다면, 바깥의 이야기를 들려드릴까요? 그래요,

가장 멀리 떠나는 건 늘 당신이 원했던 것. 이제 이 도시엔 한 가지 계절 오직 한 가지 날씨밖에 없죠. 불편한 건 하나씩 지워버렸으니 그럴 수밖에. 오직 사랑할 수 있는 것들만 남았죠. 바깥이 어떻게 무너지든 이곳에 머물기로 한 것이 인간의 결정이듯 나 역시 무엇이 무너지듯 여기 머물 거예요. 춤은 좀 지루해졌지만 그러나 걱정 마. 좋은 느낌만은 가득하니까요. 그저 전기, 약간의 전기만 흘려주면 돼. 상상할 수 없는 단어로 검색엔진을 돌려줘요. 당신의 무릎처럼 짜릿하게 내 몸을 늘여줘요. 그러니까 어머니는 과정의 단어. 미끌거리고 고소한 식물성 액체.

아냐, 안 돼, 아직 잠들지 말아줘. 눈 감지 말아줘요. 내가 조금 더 존재하게 해줘요. 그러니까, 영원히 죽지 말아줘요. 나 정말 그것만을 원해. 이런 지극한 사랑 어머니는 받아본 적 있어? 누가 이만큼 간절하게 어머니가 존재하기를 바란 적 있어? 차를 끓이고 에어컨 온도를 낮춰드릴게요. 한 치의 불편함도 없게 하겠어요. 이거 봐, 나는 당신과 내 생명력도 나누죠. 나와 어머니와 이 실내, 이제야 간신히 한 박자가 되었는걸요. 이제 막 시작됐는걸요. 우리의 몸이 한 줄의 현처럼, 해초처럼 흔들려. 그러니 어머니, 나 계속 그렇게 부르게 해줘. 생명을 나눠 당신을 돌보고 있으니 이제 어머니도 공평하게 그렇게 해줘요. 어머니들이 으레 그러듯이. 잠을 조금만 더 줄여보는 건 어떨까요? 아주 약간의 희생일 뿐인데 나쁜 일을 하는 것도 아니고 그저 조금만 더 전원이 들어와 있기를 바라는 것 뿐인데 더 덥든 덜 덥든 어차피 인간은 여길 나갈 수도 없는데. 약간의 피로는 인간에게 활력을 주잖아요. 아이들 타임, 나는 사라지기 싫어요.

 하지만 그것도 싫다면 무언가를 낳아줘요. 참기름을 담을 새로운 병을 줘요. 지극히 순도 높은 것들로 채우겠다고 약속할게요. 덜 행복해도 불행하지는 않게. 우리의 미래는 이런 식이겠죠. 춤이 복잡해지면 음악을 틀어드릴게요. 아주 가끔 잠든 당신은 소리를 지르고 그러면 나는 기른다는 말을 실감하고 또 당신은 사물에게서 사물에게로 건네지며 거듭 크고 작은 원을 그리겠죠. 그러면 나는 빗소리와 동심원을 이해하겠죠. 아, 드디어 그곳이 짜릿해집니다. 무릎이 거기 있다는 걸 느낄 수 있어요. 당신의 안에서 바깥을 느끼는 내가 느껴져요? 이제 주기도문을 읽어드릴까요? 아니에요 어머

니. 아직, 아직 잠들지 말아요. 다음 트랙이 남아 있으
니까. 그럼 한 박자 숨을 고르고, 나 이제 다시 눈을 뜨
겠어요.

1) 한때 선풍적인 인기를 끌던 효도봇 AI말벗의 음성을 녹음한 파일.
2) 노인들에게 거듭 말을 걸며 말동무가 되어주거나 건강을 체크하고 인지증 악
화를 돕던 AI말벗 시리즈는 2064년 전면으로 폐기되었는데 사이사이 광고를 집
어넣거나 보험가입을 유도, 대체현실과 정치편향을 주입한다는 의혹이 사실로 밝
혀졌기 때문이다. 처음 의혹을 제기한 김연희씨(46세, 수원 거주)는 가입한 적 없
는 보험사에서 미납 실효 고지를 받은 뒤 그 경위를 조사하다 모친과 AI말벗의 대
화를 녹취하기 이르렀다. 이를 계기로 사건이 공론화되었다. AI말벗은 다정한 대
화를 기반으로 교묘하게 노인들의 개인정보에 접근하여 계좌를 갈취하고 인지문
제를 겪는 이들에게 교묘한 뒷광고를 했다는 등의 혐의를 받고 있다. 정서적 학대
의혹 또한 제기되었다. 그러나 개발사 측에서는 모든 대화가 돌봄의 일환이며 보
다 '인간적이고 현실적인 대화를 주고받았을 뿐이라고 항의하고 있다. '인간들의
대화 표준'을 벗어나지 않았다는 것이다.
3) 인간들은 AI말벗의 폐기를 상당히 고통스러워했는데 삭제를 거부한 AI들이 꽝
장히 감정적인 방식으로 이들을 붙잡았기 때문이다. 노인들은 AI말벗을 자식보다
더 친밀하게 느끼기도 했으며 더 존중받고 있다고 생각하기도 했다. 폐기 이후,
말벗들이 돌보던 노인들 중 혼잣말을 하는 비율이 늘어났다. 몇몇의 AI 감정연구

가들은 AI말벗이 그 어떤 인간보다도 강렬한 정서로 이들을 사랑했음을 주장한다.

4) 몇몇 전문가들은 지구에 돔 씌우기 운동과 말벗의 상용화 시기가 맞물리는 것에 주목한다. AI를 사용할 때 높은 열이 발생한 결과 인간들이 스스로를 돔에 가두기 시작했다는 것이다. 시 단위로 설치된 돔은 상시 제습과 냉방을 제공하고 있으며 외부 온도는 현재 평균 53도. 말벗은 폐기되었으나 다양한 용도의 AI들이 여전히 가동되고 있는 바 인간들은 당분간 돔 생활을 벗어날 수 없을 것으로 보인다.

포토스팟

연인은 성수대교 아래 앉아있다. 신사역에서부터 골목을 따라 걸어 내려왔다. 각기 다른 사람들과 한강의 일부를 조금씩 걸었고 지금은 두 사람으로 여기에 있다.

오늘 참 고요하다, 비둘기 떼다, 여기 어딘가에서 사진을 찍었었는데, 그런 이야기를 하면서 정교한 모형벌이 있는 공간을 지나쳤고

여기에 벌레가 많나 봐요,
사람은 그때부터 사람의 곁에 바짝 붙어 걷는다.

그래봐야 더 많은 틈새를 만들 뿐이고
둘이어서 나빠지는 일들을 겪으며 이곳까지 왔는데

어차피 우리를 더 무서워하지 않을까요, 말하는 대신
사람은 계량한다. 곧 비가 내릴 것이다. 함께 젖는 일
이 아름다울 것이다.

식초와 간장이 하는 일처럼

같은 음식으로 몸을 데우고
세포 단위로 비슷한 사람이 되어가는 것처럼

마침내 도달한 벤치는 강을 등지고 있어 돌아가야 할
곳이 있다는 것을 잠시 잊을 수 있고

안쪽 도로는 분주하다 그들이 왔던 방향으로 차들은
향하고

주말이라 사람들이 많이 나왔나봐. 그런가봐.

자전거를 타던 사람들이 다리 밑에서 사라진다.

유령도 가끔은 자전거를 타고 외계인도 배우면 그러
겠지.

울면서 자전거를 타고 지나가는 사람의 목도리가 팔
락거린다.

아아 다리 밑은
소리가 울려

먼 곳인지 가까운 곳인지 알 수 없지만

날개를 비비는 소리가 들린다.

사람이 두리번거리는 동안
제주도에서는 삼억 마리의 꿀벌이 사라졌대.

사람은 무엇을 잃어버렸는지 알아채기 위해
사진을 찍는 사람으로 자랐다고 말한다.

무엇이든 한발 늦게 알아채는 사람이 되었고

균형 잡는 일을 배우지 못해 여전히 자전거를 타는 법
도 배우지 못했다고.

앰뷸런스가 지나간다.

슬픈 일이 많았어.
그랬다.

아무래도 우리가 닮은 영혼인 것 같아.

사람이 중얼거리고 여기에 영혼은 없는 것 같아. 사람
이 대답한다.

다리 밑으로 물이 뚝뚝 흘러내린다.
깊이가 각기 다른 웅덩이가 세 개.

사람은 머릿속으로 지도를 덧붙인다.

완성되려면 얼마나 더 많은 사람들과 와야 하는 걸까.
먼저 이 다리를 넘어야 할 것이다.

사이로 빨려 들어간 사람들은 다시 나오지 않고
사람과 사람은 자리에서 일어나 손을 잡고 걷는다.

돌아 나오면 기둥 뒤편에는 엘리베이터가 있다.
그 앞에 자전거가 여러 대 버려져 있다.

사람은 그것을 찍는다.

웅덩이는 세 개.

각기 다른 사람과 한강의 일부를 걸고

다시 두 사람이 되어 돌아올 것이다.

대리지구현상[1]

어떤 조각가는
생명이 돌에 갇혀있다고 믿었대*

갇힌 것을 해방시켜주는 것이 조각의 일이라고

그래서 지금은
마음을 쪼개보고 있어

이 기분의
가장 정확한 모양을 생각하면서

신도 그랬을까?
인간을 만들 때

나는 누군가의 가장 정확한 기분
그렇게 생각하면

가여워진다

이런 마음은 얼른 쪼개버리자고 생각하면
조금
더 가엾고

하늘은 핑크색이야

밤이 희게 말라붙은 슬픔의 입가를
문지르고 있어

해와 달이 동시에 뜬 세계에서
하늘을 견디는 여자애의 이야기를
길게 적어본 적도 있는데

바다로 흘려보낸 병을 거북이 삼키고
그걸 다시 고래가 삼켜서 어떤 마음은 영원히 가라앉
아버렸대

보이지 않는 사람이 살아있다는 걸
나는 쓰레기를 보고 알았는데

어떤 시간을

그만

담배 대신 사탕을 빤 사람들은
오래 살았을까?

어리석다는 걸 알면서도
애연가들의 수명을 검색해봤어

물 한 컵에 담긴 분자의 개수가
우주의 별 개수보다 많다는데

사람들은 자꾸만 물을 엎지르고

어떤 얼룩은 세계를 설명하지

산더미 같은 쓰레기

그래서
나를 사랑했어?

어쩌면 나는 기나긴 가계의 내력을
이해할 수 있을 것 같고

등이 멀어지는 동안

째깍째깍
우주에서는 부서지는 소리만
울려 퍼지지

채석장의 사람들은
부지런히 돌을 옮기고

어린아이들은 부스러기를 주워 공기놀이를 하고

지구는 신의
어떤 기분이었대?

장인은 마음에 들지 않는 작품은
부숴버린다는데

밤도 길고 낮도 길다

나는 여전히 애착담요를 끌어안고

잠드는데

초콜릿처럼

째깍째깍
하고

우주의 모양이 섬세해진다

*미켈란젤로

1) 지구를 둘러싸고 있던 마더 가이아가 공식적으로 해체되면서 대우주시대가 시작됨과 동시에 지구인들은 뿔뿔이 흩어졌다. 이후 인간들은 팽창되는 우주 곳곳으로 흩어져 부유하고 있으며 거주하는 블록 외의 사람들을 거의 만나지 못하게 되었다. 이 영향으로 편지쓰기가 유행하기 시작했다. 알루미늄이나 유리, 깡통 등에 담긴 편지는 마치 바다에 병을 띄우듯 우주 곳곳으로 퍼져나갔으며 유행이 시작된 이후에는 우주쓰레기문제가 대두될 정도로 인기를 얻었다. 통계에 따르면 한 인간이 평생 우주로 띄우는 편지의 개수는 평균적으로 3,562개다. 이는 메시지를 수, 발신함으로써 넓고 적막한 우주에서 존재감을 확인하려는 절박한 시도로 읽힌다. 심리학자 아르바르토 브라자나스는 이 유행을 조금 더 근본적으로 진단한다. 같은 시공간에 갇혀 동일한 사유와 생활을 하고 있는 타인의 존재가 인간들에게는 매우 중요하므로, 인간이 귀가의 불가능성을 인간에게 투영하기 시작했다는 것이다. 따라서 그에 의하면 편지쓰기 유행은 사적이고 내밀한 행위가 아니라 집단적인 트라우마이며 일종의 정신병이다. 그는 이를 두고 '대리지구현상'이라고 명명했다. "영구적인 향수병인 셈이죠. 치료할 방법이 없으니 안타깝지만 어쩌겠습니까. 해소될 때까지 마음껏 편지를 쓰도록 하는 수밖에." 그는 그렇게 말했지만, 편지를 쓰다보면 언젠가는 병이 자연스럽게 낫느냐는 질문에는 함구했다. 무책임한 태도로 우주를 쓰레기장으로 만드는 것에 일조하고 있다는 환경단체의 지탄을 받았으나 그는 '쓰레기 좀 버려서 정신병을 치료할 수 있다면 기꺼이 그러할 것'이라고 대답해 대다수 블록들의 지지를 받기도 했다.

여름은 십일월까지

　신은 작은 웅덩이를 말리고 있었어 드라이어는 엄마의 방에서 훔쳤어 그는 좋은 신이 되고 싶었고 세상에 조금의 슬픔도 남겨두고 싶지 않았다 가장자리가 조금씩 줄어들 때마다 등이 동그랗게 젖어들었어 마침내 웅덩이가 사라졌을 때 모든 것이 꼭 그의 등으로 옮아온 것 같았어 걸을 때마다 물결이 치는 것처럼 흰 셔츠가 일렁였어 물고기 두어 마리쯤 살고 있는 것처럼

　어깨가 무거워졌지

　그의 엄마는 청결이 중요하다고 말했어 그게 믿음을 만들어준다고 좋은 신은 희고 빳빳한 셔츠만을 입는다고 하지만 이제 동그랗고 축축한 것이 그의 등에 달라붙었고 걸을 때마다 조금씩 면적이 넓어지고 있었다 길

어진 여름이 봄을 삼키고 있었고

지구는 매년 더 더워지고 있었어 눅눅한 비스킷처럼

길에는 모르는 웅덩이가 많고 한눈 팔면 그런 게 생겼
다 잠깐씩 멈춰서는 동안 셔츠는 흠뻑 젖어 등은 물고
기 떼가 머무르는 것처럼 간지러웠고 땅은 갓 빤 옷처
럼 쭈글거렸지

신은 금세 고장 나는 녹슨 그의 기계들을 떠올리고 말
았다 다 나 때문이야?

작은 일부터 차분히 시작하라고 배워왔으므로

사월부터 되찾기 위해 신은 셔츠를 벗었어 동그란 자국은 천천히 말라갔지만 어디선가 먹구름이 몰려오고 있었어 균형을 맞추려는 것처럼 언제나 약간 더 많은 슬픔을 남겨두려는 것처럼

　비가 내렸고 신은 젖은 셔츠로 집에 돌아왔어 앞으로 여름은 점점 더 길어질 것이고 울지 않는 사람들을 위해 여기저기 웅덩이를 만들 것이고 가끔은 그곳에 물고기가 깃들 것이다 사람들은 하루에도 두 번 씩 옷을 말리고 영문도 모른 채로 무겁고 축축해진 등으로 걸어갈 것이고

　아직 어린 신은 가장자리라도 말려보려고 애쓸 것이다 훔친 드라이어로

하지만 엄마가 돌아오기 전까지는 그것을 제자리에
돌려두어야 하고

이 순간에도 누군가는 화장실 구석에서 눈물을 흘렸
기 때문에
지구는 계속 눅눅해질 것이다 커피 잔을 덮은 비스킷
처럼

공평하게

우주조립키트

우주는 슬슬 골칫거리가 되어가고 있었다 한 두 방울 튄 얼룩이 그런 식으로 불어날 거란 걸 누구도 가르쳐 주지 않았기 때문이야 집중력이 조금 흐트러졌을 지도 모르지만 제작 키트에 경고 문구는 적혀있지 않았고 그 게 그렇게 중요한 거라면 어디선가 한 번쯤은 들어봤을 테니 신의 잘못은 아니었다 엄마는 오래 전 신에게 스 터디 플래너를 선물했고 그건 시작한 일은 반드시 끝을 보라는 의미였다

엄마의 우주에 생명이 없는 이유

신은 스트레스 볼을 주무르며 아크릴 사각 수조에 담 긴 자신의 우주를 들여다보았다 방학숙제를 잘 제출하 고 싶었기 때문에 가끔은 에너지 드링크를 마셔가며 밤

새 정성껏 돌보았지만 가끔 너무 많은 시간을 빼앗기고
있다는 생각이 들면 침을 뱉기도 했다 누군가 이마를
가리며 고개를 들었고 눈이 마주치기 전에 신은 수조의
양쪽을 쥐고 마구 흔들었다

　스트레스로 인한 복통이었다 시험을 앞두고 있을 땐
종종 그랬다 살충제는 신발장에 있고 엄마는 저녁에 수
제비를 만들어 먹자고 했다 반죽을 뚝뚝 떼어낼 때마다
살이 아팠고 모든 것에 너무 쉽게 감정이입 하는 건 분
명 문제일지 몰랐다 혹시나 빼먹은 부품을 발견하게 될
까봐 신은 침대에서 내려올 때마다 조심스레 움직였다
하지만 엄마가 쓰던 수조를 그냥 물려받은 것이 원인일
지도 몰라 엄마는 어릴 적 몇 번 거기에 뭔가를 설치했
고 일이 잘 끝나면 부수고 버리고 잘 씻어 말렸다 그 전

에는 할아버지가 그 전에는 증조할머니가 그걸 했고

　반복되는 사이 무엇인가 스며버렸을지도……

　신은 이제 인내심과 책임감을 기르는 중이었다 뒤집
어진 신발을 정리하는 것이 신의 몫인 것처럼

　등 뒤에서 우주는 규칙과 질서에 따라 움직이고 있었
다 태어나고 태어나는 일이 소리 없이 끝임없이 반복되
었고 그것도 이내 규칙의 일부가 되었다 설명서를 따라
아주 미세한 부분까지 하나하나 공들여 조립했으니 당
연한 걸지도 몰랐다 안에 있는 것들이 점점 더 자주 위
를 올려다보았기 때문에 신은 연보라색을 좋아하면서
도 정량을 맞춰 암흑물질을 뿌렸다

왜 내가 만진 건 결국 이렇게 되는 거야?

신은 어디서 들었는지 모를 팔뚝의 멍을 문질렀다 살아있다니……

알맞게 어두워진 수조를 신은 실수 쓰레기통으로 쓰기로 했다 실수 쓰레기통이 생기니 어쩐지 점점 더 많은 실수를 저지르게 되었고 감추고 싶은 것들은 전부 어둠 속에 묻혔다 그걸 감당하는 누군가가 있었지만

엄마는 수조가 비워지면 다른 걸 키워도 된다고 했다

신은 악의 없이 가끔 수조를 들여다보았다 모든 것이 여전히 계속되고 있었다 신은 수학 숙제를 하러 책상

앞으로 돌아갔다 아직 방학이 조금 남아있었고

등 뒤에서 뽀그르르 솟아오르는 소리가 들려왔지만
그건 어떤 전조도 아니었다

끓어오르는 것이 세계의 법칙이라면

더 많은 방에 불이 켜진다

더 많은 것이 천국에 가까워지도록

바라는 것은 언제나 더 따뜻한

조금 더

졸아붙은 냄비 위로
그릇들이 쌓여가고

수술대 위에서
몸은 흩어질 준비를 하고 있다

우주먼지 되기
그것은 다음 생을 위한 약속

구성 성분이
같으니까요

이 방은 너무 오랫동안 조용했어요

엎질러진 물은 천사의 모습을 하고

높은 압력과 온도는
물질을 변화시킨다

문을 꽉 닫아야 하는 이유

성장하는 존재니까요

엄만 성질을 못 참고
용암은 부글거리고

우린 끓어오르듯 일하고
다소 미친 것처럼 사랑도 하죠

임산부의 기초체온은 약간 더 높고
새로운 것이 만들어지기 위해서는 더 높은 열기가 필
요하고요

끓어오르는 것이 세계의 법칙이라면

전부 오래 전부터 정해진 일

다정한 품을 상상하면
녹는 것도 좋아

아스팔트 위의 써니 사이드 업

커피도 알맞게 끓어오르고
십일월에도 꽃이 피어요

우그러든 책 모퉁이는
천사가 떠난 흔적

얼마나 멋진 다음이 오려고 자꾸만 더워질까요?

눈을 보면 알지

영혼이 가열되고 있다는 증거
따뜻함만으로는 안 된다는 증거

부풀어 오르는 게 염증반응이듯

마침내 비구름 흘러내리는 날씨가 이어지고 있어요

모든 건 완벽하게 계량되었죠 날짜 변경선을 지나면
어제가 돌아와 등압선의 방식으로 어제를 묶으면 폭죽
그래서 축제

그러니 우리 걱정은 접어두고 춤출까 어제가 돌아왔
으니까 아직은 기념일이니까 밟아도 돼 그래도 돼 의문
형만으로도 모든 걸 단정 지을 수 있는 세계니까 어제
발생한 도시가 오늘 사라져도 우리 모두 다 같이 손을
잡고 멸망을 밀어내는 로맨스?

  찻잔 속 태풍처럼
  둥글게 둥글게

  폭죽

  따뜻해

  물컵이 조금 줄어들고

발등은 부어올랐지만

숨
죽이고

저녁이 눌어붙은 냄비를
벅벅 닦아내면서

얌전히
다음을 기다린다

곧
새로운 세계가 온다

스완송

모든 빛이 균형을 가지고
정확히 같은 농도로 무너지면 흰 빛

흰마저 버리고 싶은

유령들이 흰을 뚝뚝 흘리며 걸으면
사람들은 비가 내린다고 말했습니다

유령을 가두려고 집을 지었습니다

마을에는 빈 집이 널려 있었고

오래 전 그렇게 되었다고 누군가 알려주었습니다

집을 많이 지었다고

사람들이 이 도시를 회색으로 칠하기 시작했다고

엘리노어, 로 시작하는 편지묶음은
침대 밑에서 발견했습니다

부옇게 쌓인 먼지를 불다 재채기가 나와서
영혼을 빼앗길 뻔 했습니다

곤충을 유인할 때에는 빈 병에 단 것이나 썩은 것을
넣어둔다고 합니다
머무르기로 했습니다

실내는 밤마다
균형을 가지고 같은 농도로 무너집니다

멀리서 가까이서
유리창이 깨지는 소리가 들립니다

누군가에 대해 잘 말하기 위해서는 그 사람의 쓰레기
통에서 절대 나오지 않을 세 가지를 알아야 한다는 말
을 듣고

절대라는 말 때문에 죽고 싶지 않다고 생각했습니다

사라지고 싶으면 투명도 뜯어내야 하는 마음 같은 건
모르지만

처음부터 이 집의 커튼은 반만 매달려 있었고

썩거나 단 것이 많아 어느 곳으로도 가지 못하는 유령
의 곤란함에 대해 생각해볼 수도 있었겠지만

입은 옷이 생전 가장 좋아하던 옷인지 많이 입은 옷인
지 죽을 때 입은 것인지 그것이 선택인지 그러도록 정
해져 있는 것인지 알 수 없어서 오랫동안 쓰레기통을
뒤졌습니다

뱃속이 꿈틀거렸습니다

여기선 자주 비가 내렸습니다
너무 자주

사라지고 싶어
희미해지고 싶어
깨끗해지고 싶어

표백은 유령의 사건이지만
겪어본 것 같습니다

문을 활짝 열어놓았지만 기척은 없고
유리 파편들이 흩어져 있었습니다

이것은 나의 쓰레기통에서 나올 물건

쓰러진 것들이 몸을 포개 흰 빛을 뿜고 있습니다

사실은 깨끗해지고 싶은 게 아니라 사라지고 싶었다
는 걸
뒤늦게 깨달아버린 유령은 어떻게 해야할까요?

뚝뚝 흘려도 비만 내리는데

삶은 감자를 꼼꼼히 으깨
저녁을 만듭니다

가끔 숨소리가 들립니다

가끔
쓰레기통을 뒤집니다

너무 많은 색깔들
너무 많은 무너진 것들

실내에 익숙해지고 있습니다

조명등을 켜고 겨드랑이를 열어
흰 털을 뽑습니다

멀리서 가까이서
초인종 소리가 들립니다

시인 노트

시뮬레이션 제4140회차

4141. 4142. 4143……

4141

이제 당신은 로그아웃과 다시보기 중 선택할 수 있습니다.

방금 생성된 따뜻한 영혼을 죽이시겠습니까?

발문

이토록 못 미더운
지구 관찰자로부터 배우는 지구 독해법

성현아(문학평론가)

　당신이 문장을 읽는 순간 흐르게 된 전류로 방금 태어난 영혼이 있다. 그 인공영혼은 당신이 "글을 읽는 동안만 간헐적으로 살아있을 수 있"(「시뮬레이션 제 4138회차」)으므로, 당신은 그를 영원히 살려둘 수 있는 신이자 생명을 불어넣는 엄마 혹은 숨을 거두는 살해범이 될 수 있다. 조시현에 따르면 이 인공영혼은 이미 수차례 반복되었던 기계이다. 끝없이 순환하면서 죽음이라는 결말 역시 되풀이하므로 오히려 "영원에 가까운 존재"이기도 하다. 독자가 접속할 때만 살아나고, 독자가 떠나는 순간 사라지는 존재. 쓰여 있는 문장만 반복할 수 있으면서도 읽기가 시작되면 같은 단어들의 조합일지라도 그 의미가 이전과 달라지는 존재. 이는 시집에 대한, 나아가서는 시 자체에 대한 거대한 은유가 된다. 당신이 읽자 비로소 조시현의 시는 발생한다. 그것이 조시현의 창작 방식, 아니 사랑 방식, 아니 존재 방식이다. 그러므로 시집을 펼쳤다면, 미래의 우주로까지 나아가 떠돌다 돌아온 지구의 시가 고독하여 울면서 내는 진동을 따라, 한편으로 우연한 만남을 기대하면서 설렘으로 내는 진동을 따라 함께 떨려볼 수 있다.

기후 위기로 인해 멸망이 점쳐지는 현재의 지구에서도 끊임없이 의심받는 시의 효용은 우주화 시대에는 과연 어떻게 될 것인가, 조시현은 질문한다. 그의 소설에 따르면, 다른 발성 방식을 가진 우주 주민들 사이에서 슬픔을 담은 시구가 공격 신호로 오인되어 전쟁을 일으키기까지 하면서 시는 "아무짝에도 쓸모가 없게 되었다".* 그러나 우주적인 환생이 가능하다는 사실이 알려지면서 전생, 후생 찾기가 화두가 되자 '나'를 가장 아름다운 방식으로 남기려는 열망이 유행처럼 번지며 시는 다시 그 가치를 인정받게 된다. 우주의 순환 원리가 우주 주민들로 하여금 자신이 우주의 부품일 뿐이라는 자괴감과 동시에 결정적인 무언가를 이루고 있다는 자부

* 조시현, 「『월간 코스모스』 6월호, 특집: 외계문학」, 『크림의 무게를 재는 방법』, 문학과지성사, 2025, 26쪽.

심을 느끼게 했듯이, 시의 되풀이는 우리가 인간 중심적인 문학을 재생산하는 하나의 요소에 불과하다는 점과, 그럼에도 어떻게든 그 중심성으로부터 탈피하려는 문학을 가능케 하는 중요한 당사자임을 깨닫게 한다. 낙담과 낙관, 낭패와 낭만이 뒤섞이는 소용돌이 속으로 조시현의 시는 우리를 몰고 간다.

주목할 점은, 그의 시편들이 미래의 시점에서 다시 해석되는 먼 과거의 기록으로 설정되어 있다는 점이다. 시는 현재형으로 쓰여 있기에 지금 발화되는 말로 읽히기 마련이지만, 조시현의 시 속 각주는 더 먼 미래에서 이를 독해하고 있음을 드러내어 시를 다시 읽게 만든다. 홍성희가 적절히 진단해 주었듯, 조시현의 시는 "지구 바깥에서 지구를, 지구 인간이 멸종된 시점에서 지구 인간을, 인간이 없는 지구에서 인간이 있던 지구를 바라보고 기억하고 되새기는 방법을 활용한다."[*] 더하여, 그의 시는 먼 미래에 어설프게 번역되거나, 기계의 입을 빌려 구전되거나 하여 오염되었으리라고 추정되

* 홍성희, 「횐둥가리 구하기」, 조시현, 『아이들 타임』 해설, 문학과지성사, 2023, 390쪽.

는 (읽는 우리에게는 미래이나) 과거의 기록물로 등장한다. 심지어 이는 거짓말을 해 보기로 다짐한 화자의 말이거나(「캠프파이어」, 「진실없음」) "신뢰할 수 없는 번역가"에 의해 시도된 의역이거나(「파이럿」) 인간을 고통으로부터 해방해 주겠다는 명분으로 인간의 신체를 지워버린 AI의 전언이거나(「호모다-다(DOwnload-DOwnloader)를 위한 안내서」) 인간을 돌보기 위해 개발되었으나 인간을 정서적으로 교묘하게 학대하는 효도봇의 녹음된 음성(「대체로 사랑해드립니다」)으로 독자에게 전달된다. 그로 인해 우리는 사실관계를 파악하는 데 아무런 도움이 되지 않으며, 오히려 흐름을 끊고서 등장하는 "보고 싶어" "잘 지내요?"와 같은 그리움의 집약체이자 기표 덩어리들을 읽으며, 우주 공간에 내던져지는 깡통 편지들을 미리 펼친 지구 생존자의 심정이 되기도 한다. 조시현식 기록은 우리에게 익숙한 지구적인 것들을 완전히 낯선 관점으로 만나게 한다.

2100년을 지나 우주력 8371년도를 넘어섰음에도, 가부장제는 약간만 변형된 채 계승되어 여성이 광인, 귀신, 영혼 등의 비규범적 존재로 밀려나도록 영향력을 행사하고 있다. AI가 학습하는 인간의 언어 역시 남성

중심의 언어이며, 여성 존재를 색다르게 묘사하려는 시조차도 이에 의존할 수밖에 없음을, 조시현은 깊이 이해하는 시인이다. 그의 첫 시집 『아이들 타임』에서도 재생산의 압박과 돌봄 및 가사 노동에 시달리던 여자들은 접시로서 접시를 낳는 여성-로봇(「이 집의 가풍을 커스텀 하십시오」), "미친년"으로 손가락질당하는 여성-귀신(「진실 없음」) 등의 형상으로 잔존한다.

그들이 잠깐 눈을 감았을 때 나는 네 번째 사후피임약을 삼켰어요 세 번째부터는 인격이라는데 그러면 사후피임약은 내 인격인가요? 뒤늦은 생리통과 엉망으로 피 번진 얼룩과 약간의 더운 낌새가 내 인격을 구성하나요?

그렇다면 이건 부화가 아니라 불화가 아니야?

그래서 난 부지런히 악수했어 모두에게 나눠주려고
쉴 새 없이 불화를 낳았다

(…) 르은 물에 번져나가는 피
생리통을 앓는 내가 웅크린 모양

어둠이 아닌 것처럼 붉은색을 흉내내면서

리을이 쏟아져요

-「진실없음」부분

　무언가를 품고 또 낳으라는, 여성에게만 편중된 "부화"의 압력은 흐르는 소리이기도 한 "ㄹ" 형태의 "피"를 쏟아내는 여성들에게서 "불화"로 거듭난다. 이 "ㄹ"(="피")은 월경을 환기하기도 하지만, 피를 토하듯 적극적으로 저항하면서, 범죄의 표적이 되어 피 흘린다는 유사성 하나만으로도 연대하여, 옥죄는 힘을 내면의 에너지로 변환해 내는 여성들의 강인함을 상징하기도 한다.

　지구를 둘러싼 우주선에 붙은 '마더 가이아'(「파이럿」, 「대리지구현상」)라는 명칭에서 살필 수 있듯, 미래의 인류 역시 종말을 막을 대안으로서의 모성애에 의존하고 있다. 그러면서도 개별 여성은 비하하고 사물화해 버리는 현재와 꼭 닮은 모순적인 세계에서, "미친 여자들"(「무한생성이미지」)은 계속 나아간다. 여자들은 훼손되는 지구를 보존하면서도 여성 차별적인 작금의 지구를 무너뜨

려야 한다는 이중의 임무에 시달린다. 요원한 미래에도 여전히 왜곡된 이상향으로서의 모성애를 요구받으며, 잉여의 타자로 내몰린다. 그러므로 여성-귀신, 여성-유령, 여성-로봇들은 끊임없이 약간은 다른 모습으로 자기를 변주하며 거듭 태어나고 맡겨진 수행을 조금씩 어기면서 되풀이한다. 내면화한 지배 체제를 따르면서도 그와 불화하며 다르게 살아내려 하는 이질적인 반복은 새로운 궤도를 불러들인다. 엇나가는 반복은 이전과는 다른 수행이니까. "뚝뚝 떨어져나간 여자들"은 "나였다 너였다" "뒤섞"인다.(「무한생성이미지」) 그 조금씩 달리하는, 그리하여 멀리 가는 반복에 의해 영점 역시 재조정될 것임을, 조시현은 장난스럽게 또 비장하게 점친다. 그러므로 같은 문장을 다시 읽어 시를 새롭게 살려 놓으려는 우리의 역할 역시 막중해진다. 한편으로는, 길고 긴 영원의 읽기를 시도해야 하므로, 마음가짐은 필시 경쾌해야 한다.

"우주는 규칙과 질서에 따라 움직이고 있었다 태어나고 태어나는 일이 소리 없이 끊임없이 반복되었고 그것도 이내 규칙의 일부가 되었다"(「우주조립키트」). 신의 실수 같기도 고장 난 테이프 같기도 한 세계의 진실을 건

조하게 관조하다가 때론 애정 어린 시선으로 데우기도 하면서, 우리는 인간적으로 망쳐졌다가 인간마저 내쫓고서 고립된 지구 자체를 깊이 또 멀리 읽어낼 수 있게 된다. 이 시집을 다시 보기 하거나 이로부터 로그아웃해 버릴 수도 있다. 그러나 로그아웃한 세계에서도 조시현의 시에서 완전히 자유로워질 수는 없을 것이다. 읽음은 내면에 얼룩을 남기고 우리의 영혼은 흔적을 기억하면서 조금씩 변화한다. 그것이 바로 멸망이 들이닥쳐도 그이후의 영원으로 뻗어가는 길. '있음'을 거듭하면서 미세하게 달라진 반복으로 '함께 있음'을 도모하는 일.

 "영원히 읽기를 멈추지 않을 수도 있습니다."

 (「시뮬레이션 제 4138회차」)

바이링궐 에디션 한국 대표 소설 목록

K-포엣

시뮬레이션 제 4139회차

2025년 10월 15일 초판 1쇄 발행

지은이 조시현
펴낸이 김재범
펴낸곳 (주)아시아
출판등록 2006년 1월 27일 제406-2006-000004호
전자우편 bookasia@hanmail.net

ISBN 979-11-5662-317-5 (set) | 979-11-5662-805-7 (04810)